目次

JN100736

▌成績アップのための学習メソッド　▶ 表紙裏

▌学習内容

※原則，ぴたトレ1は偶数，ぴたトレ2は奇数ページになります。

※本書は，東京書籍株式会社発行の「新しい技術・家庭　技術分野　未来を創るTechnology」・「新しい技術・家庭　家庭分野　自立と共生を目指して」を参考に編集しております。

▌解答集　▶ 別冊

1 身の回りの材料と加工

( ) にあてはまる語句を答えよう。

1 身の回りの製品の材料

□(1) 身の回りにある製品にはさまざまな ①( ) が使われている。

□(2) よく使われている ①( ) は，スギやヒノキのような ②( ) と鉄やアルミニウムのような ③( )，そして石油から作られる ④( ) である。

□(3) 製品の価値は材料の ⑤( ) を最大限に生かすことで高められる。

□(4) 表の⑥〜⑩の材料名。

材料	主な用途の例
⑥( )	家具，住宅の建材，お盆
⑦( )	鉄道車両，刃物，工作機械
⑧( )	クリアファイル，ペットボトル，DVD
⑨( )	コップ，窓，鏡
⑩( )	タイヤ，作業用手袋，靴底
コンクリート	ビルの建材，道路，港湾設備

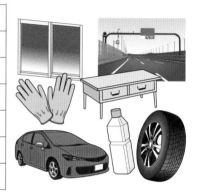

□(5) 図の⑪〜⑬の材料名。

⑪( )…天板に使われている。

⑫( )…物入れや脚の先に使われている。

⑬( )…脚の部分に使われている。

材料によって使われる場所や使われ方が違うね。

2 材料の加工

□(1) 製品が作られる際には，必ず材料を ①( ) して使われる。

□(2) 材料の ①( ) にはさまざまな方法がある。切ることは ②( )，削ることは ③( )，形を変えることは ④( )，部分どうしをくっつけることは ⑤( ) という。

材料は，使いやすい形状に加工されて製品になっているね。

> **要点** 製品を作る際には，材料の強度や耐久性，軽さや重さ，安全性，費用，環境への影響など，さまざまな特性を考慮して選択される。

ぴたトレ
2
練習

1　身の回りの材料と加工

時間 **15分**　解答 p.1

① 身の回りの製品に生かされている材料の種類とその用途について答えなさい。　▶▶ **1**

□(1) 次の①〜③の材料について、種類として正しいものを下の⑦〜⑤から1つ選びなさい。

①(　　　　)　　　　②(　　　　)　　　　③(　　　　)

⑦鉄・アルミニウム　　⑦アクリル・ABS樹脂　　⑦陶器・磁器　　⑤ヒノキ・スギ

□(2) 次の①〜③の材料について、特徴として正しいものを下の⑦〜⑤から1つ選びなさい。

①木材(　　　)　　　　②金属(　　　)　　　　③プラスチック(　　　)

⑦丈夫で長持ちする　　　⑦透明でとても硬い

⑦温もりが感じられる　　⑤軽くて入れ物の中が見える

□(3) 次の①〜③の材料について、主な用途として正しいものを下の⑦〜⑤から1つ選びなさい。

①木材(　　　)　　　　②金属(　　　)　　　　③プラスチック(　　　)

⑦橋脚・ダム　　⑦家具・住宅の建材　　⑦ペットボトル・DVD　　⑤刃物・自転車

□(4) 材料を選ぶときに考慮することとして適当でないものを次の⑦〜⑤から1つ選びなさい。

(　　　　)

⑦安全性　　⑦環境への負荷　　⑦高価な値段　　⑤強度

② 材料がどのように加工されるかについて答えなさい。　▶▶ **2**

□　次の①〜④の加工の仕方について、それぞれあてはまるものを下の⑦〜⑥から1つ選びなさい。

　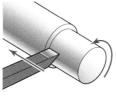　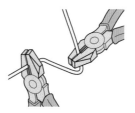　

①切断(　　　)　　②切削(　　　)　　③変形(　　　)　　④接合(　　　)

⑦部分どうしをくっつける　　　　⑦厚さや大きさが合うように削る

⑦曲げたり伸ばしたりして形を変える　　⑤色を付ける

⑦大きさに合わせて切る　　　　⑥表面を磨いてきれいにする

⑥表面を洗浄する

ミスに注意　**①**(4) 目的の製品の価値を考えたとき、材料の特性が最大限に生かされるものを選ぶ。

2 木材，金属，プラスチックの特性

( ) にあてはまる語句や記号を答えよう。

1 木材の特性　▶▶❶

□(1)　木材のうち，主に建築などに用いられるのは ①( )材，主に家具などに用いられるのは ②( )材である。木の種類によって特性や利用法が異なる。

□(2)　木材は，水分を放出して ③( )したり，吸収して膨張したりして ④( )する。加えられる力に対する木材の強さは，⑤( )によって大きく異なる。

□(3)　下の図のAとBでは，⑥( )の強さが ⑦( )の強さの約10倍である。

A　力　⑤( )

B　力　⑤( )

□(4)　単板を貼り合わせた ⑧( )，集成材，廃材などから作られるパーティクルボードや ⑨( )など，木材の特性を持つ材料を ⑩( )という。

2 金属の特性　▶▶❷

□(1)　金属は，熱や ①( )をよく通す。加熱すると溶ける溶融性がある。

□(2)　②( )……加えた力が小さいと，加えた力を除くと元に戻る性質。

③( )……加えた力が大きいと，加えた力を除いても変形したまま戻らない性質。

④( )……③( )で変形した部分の組織が変わり，硬くなること。

⑤( )……金属を溶かして別の種類の金属などと混ぜ合わせて作ったもの。

3 プラスチックの特性

□(1)　プラスチックは軽く，熱や ①( )を通しにくい。優れた耐久性のために ②( )汚染などの環境問題を引き起こし，生物に影響を与えている。

□(2)　土中や水中の微生物などによって水と二酸化炭素に分解される ③( )プラスチックは，環境への影響が少ないため，今後の活用が期待されている。

□(3)　④( )プラスチック……加熱すると軟化・溶融するプラスチック。

⑤( )プラスチック……加熱しても軟化・溶融しないプラスチック。

要点　使用目的や使用条件(用途)に合った製品を作るためには，材料の特性を生かした利用方法を理解する。

2　木材，金属，プラスチックの特性

❶ **下の図は，木材のスケッチである。**　▶▶ **1**

□(1)　次の①〜⑧の各部の名称(めいしょう)を書きなさい。

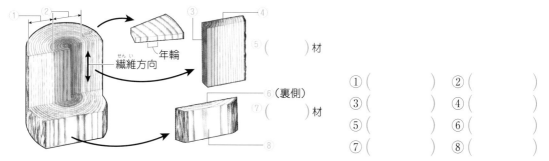

年輪
繊維方向(せんい)
⑤(　　　)材
⑥(裏側)
⑦(　　　)材

①(　　　)　②(　　　)
③(　　　)　④(　　　)
⑤(　　　)　⑥(　　　)
⑦(　　　)　⑧(　　　)

□(2)　木材の収縮と変形について，次の①〜⑥にあてはまる語句を書きなさい。

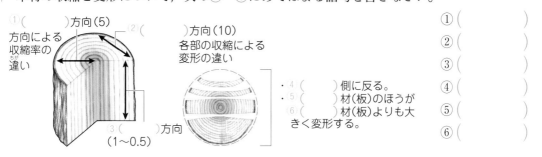

①(　　　)方向(5)
方向による収縮率(ちが)の違い
②(　　　)方向(10)
各部の収縮による変形の違い
③(　　　)方向
(1〜0.5)
・④(　　　)側に反る。
・⑤(　　　)材(板)のほうが
⑥(　　　)材(板)よりも大きく変形する。

①(　　　)
②(　　　)
③(　　　)
④(　　　)
⑤(　　　)
⑥(　　　)

収縮率は方向によって異なる

❷ **下の図や文は，金属について書かれたものである。**　▶▶ **2**

□(1)　金属の主な特性について，図の①〜④にあてはまるものを下の㋐〜㋓から選びなさい。

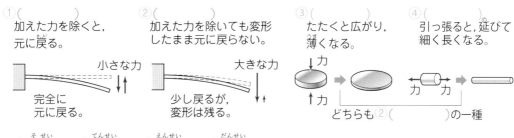

①(　　　)
加えた力を除くと，元に戻(もど)る。

②(　　　)
加えた力を除いても変形したまま元に戻らない。

③(　　　)
たたくと広がり，薄くなる。

④(　　　)
引っ張ると，延びて細く長くなる。

小さな力
完全に元に戻る。

大きな力
少し戻るが，変形は残る。

力
どちらも②(　　　)の一種

㋐塑性(そせい)　㋑展性(てんせい)　㋒延性(えんせい)　㋓弾性(だんせい)

□(2)　次の文の①〜③にあてはまる言葉を下の㋐〜㋕から選びなさい。
　鉄に炭素を添加(てんか)した合金を①(　　　)といい，硬くて強いという特性(とくせい)がある。
①(　　　)は熱処理加工により，性質が変化する。①(　　　)を高温に熱した後，水や油の中で室温まで急に冷やすことを②(　　　)といい，①(　　　)は硬く，もろくなる。また，①(　　　)を熱した後，炉(ろ)の中でゆっくり冷やすことを③(　　　)といい，①(　　　)は軟らかくなる。
㋐ステンレス　㋑鋼(はがね)　㋒焼き戻(もど)し　㋓焼きなまし　㋔焼き入れ　㋕はんだ

3 材料に適した加工法

| 時 間 **10分** | 解答 p.1 |

( )にあてはまる語句を答えよう。

1 加工に適した工具・機器 ▶▶①

☐(1) 材料の表面に，加工するための目安となる線を引いたり，穴をあけたりするための印をつけたりすることを①( )という。

☐(2) 表の②〜⑤の作業名

作業の種類	左の作業に適した工具・機器
①( )	さしがね，直角定規
②( )	両刃のこぎり，弓のこ，糸のこ盤，帯のこ盤
部品加工(③( ))	ドレッサ，かんな，やすり，卓上ボール盤
部品加工(④( ))	万力，曲げ用ヒータ
組み立て(⑤( ))	げんのう，ねじ回し
仕上げ(表面処理)	研磨紙，はけ，塗料

☐(3) 両刃のこぎりは，⑥( )を切るときに使う。
　　両刃のこぎりの刃は，⑦( )ときに材料を切り離す。
☐(4) 弓のこは，⑧( )を切るときに使う。
　　弓のこの刃は，⑨( )ときに材料を切り離す。

2 加工の方法 ▶▶②

☐(1) のこぎりびきをするときには，材料が動かないようにしっかりと①( )する。切り始めは，のこ刃の，柄に近い部分の刃で②( )ながら切る。
☐(2) くぎ接合するときには，けがきで付けた印に従って③( )で底板に貫通穴をあける。背板のこぐち面には④( )をあける。
☐(3) ねじの接合では，けがきで付けた印に従って⑤( )で④( )をあける。

3 作業の安全 ▶▶③

☐ 事故は，不適切な服装，整理整頓の不徹底，不十分な清掃などの①( )と，注意不足やルールを守らないなどの②( )から起こることが多い。

| 要点 | 加工の特性を理解し，材料や目的とする加工に応じて適切に工具や機器を選択する。楽しく安全に作業するために，工具や機器は正しく使用する。 |

3　材料に適した加工法

❶　次の図は，材料を加工したり組み立てたりするのに必要な主な工具である。
（　）にあてはまる名称を書きなさい。　▶▶ **1**

□(1)　材料にけがきをする

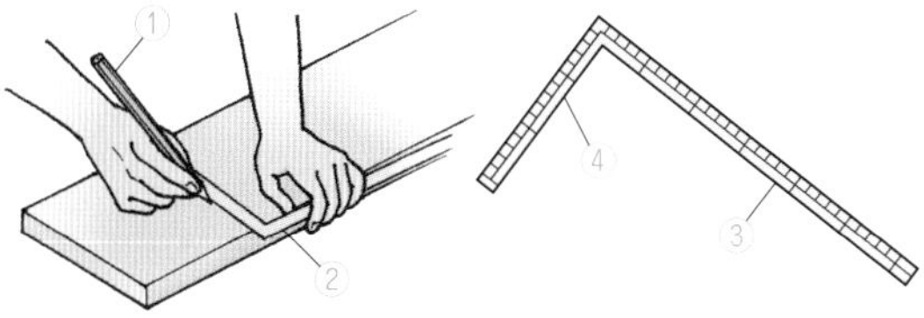

① (　　　　　)　　② (　　　　　)
③ (　　　　　)　　④ (　　　　　)

□(2)　材料を切断する

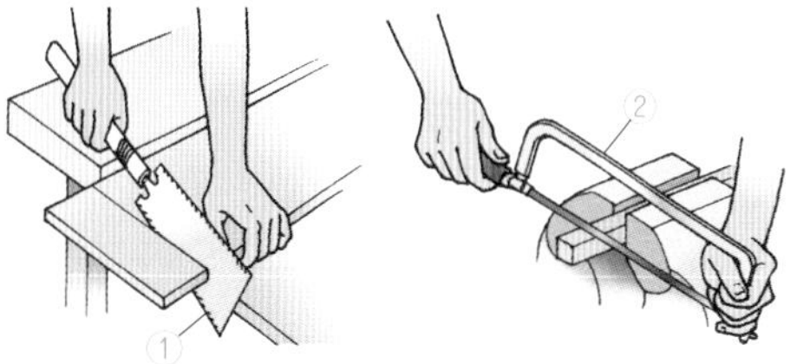

① (　　　　　)　　② (　　　　　)

□(3)　材料を削る

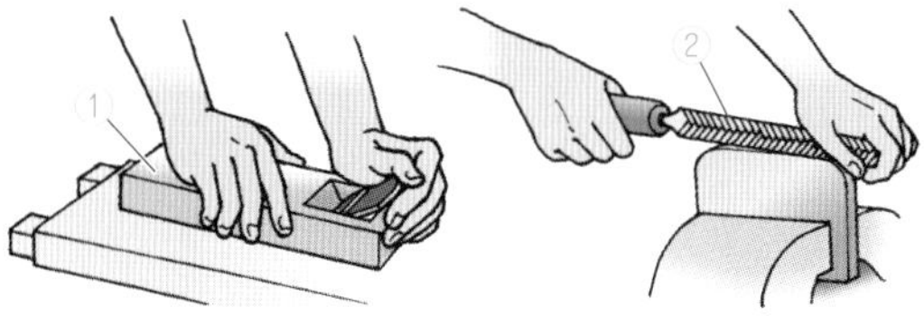

① (　　　　　)　　② (　　　　　)

□(4)　組み立てる

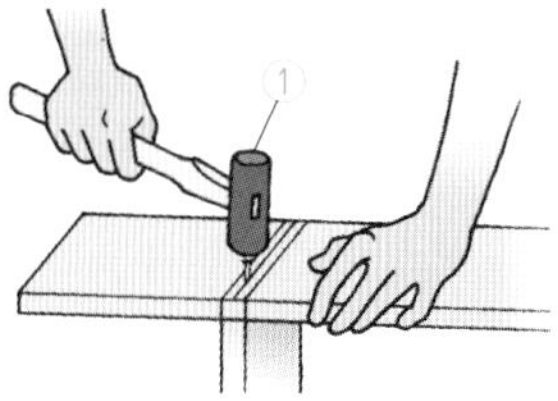

① (　　　　　)

□(5)　塗装する

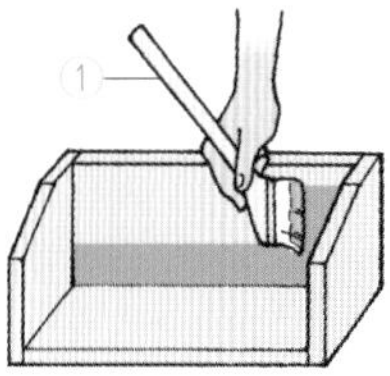

① (　　　　　)

❷　下の図のA，Bは，材料を変形するときに使う工具・機器である。　▶▶ **2**

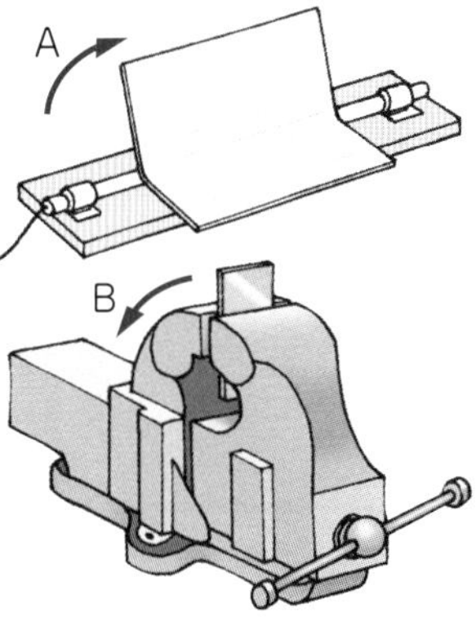

□(1)　A，Bの名称を，下の⑦〜⊕から選びなさい。
　　A (　　　　　)　　　B (　　　　　)
　　⑦げんのう　　⑦曲げ用ヒータ　　⑦やすり　　⊕万力

□(2)　A，Bを使用して折り曲げる材料を次の⑦〜⑦から選びなさい。
　　A (　　　　　)　　　B (　　　　　)
　　⑦木材　　⑦金属　　⑦プラスチック

□(3)　材料を加熱して折り曲げるときに使うのは，A，Bのどちらか。
　　　　　　　　　　　　　　　　　　　　　　(　　　　　)

❸　次の文は，作業の安全について書いたものである。文が正しければ〇を，誤って
いれば×を（　）に書きなさい。　▶▶ **3**

□(1)　両刃のこぎりを使うときには材料をしっかりと固定するが，弓のこを使うときにはその必
要はない。　(　　　　　)

□(2)　金切りばさみで金属を切るときは，手袋をして作業する。　(　　　　　)

□(3)　卓上ボール盤を使うときは，保護眼鏡(防塵眼鏡)を着用し，手袋はしない。　(　　　　　)

□(4)　楽しく安全に作業するために，作業中は互いに話しかけるようにする。　(　　　　　)

4　丈夫な製品を作るために

( )にあてはまる語句や数字，記号を答えよう。

1 丈夫な製品を作るために

- □(1)　製品を丈夫にする方法には，製品の①( )を丈夫にする方法と，使用する部材を丈夫にする方法がある。

- □(2)　使用する部材を丈夫にする方法には，部材の②( )の形状を工夫する，部材の③( )を大きくする，強い材料を使用する，などがある。

2 構造を丈夫にする方法

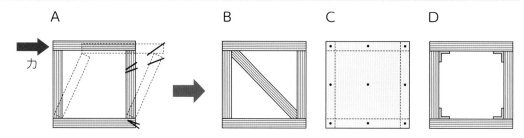

- □(1)　Aのような四角形の構造は横から押すと倒れやすいので，Bのように①( )を入れて②( )の構造にすると丈夫になる。

- □(2)　Cのように③( )の全体，または一部を幅のある板で固定すると，丈夫になる。

- □(3)　Dのように，接合部を接合金物(接合金具)や④( )などで固定してもよい。

3 部材を丈夫にする方法

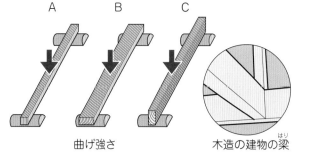

曲げ強さ　　木造の建物の梁

曲げに対する強さは，断面の高さの2乗と断面の幅に比例するよ。

- □　力のかかる方向の断面を高くすると，曲げに対する強さは向上する。Aの幅を2倍したBはAの①( )倍の力に，高さを2倍にしたCは②( )倍の力に耐えられる。BとCを比べると，同じ部品でも③( )の方が強い。

> **要点**　製品の構造を丈夫にする方法と，使用する部材を丈夫にする方法がある。製品は，使用目的や使用条件に合わせ，これらの方法を組み合わせて設計・開発されている。

4 丈夫な製品を作るために

1 下の図や文は，丈夫な構造に関するものである。　▶▶ 1 2

□(1) 次のA，Bの台の上部は，木の板である。丈夫な方はどちらか選びなさい。

（　　　　）

A　　　　　　　　　　B

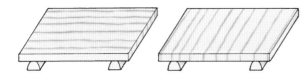

木材の繊維方向と強さは関係があったね！

□(2) 次の語句について，それぞれ関係のあるものを，下の⑦〜⑪から2つずつ選びなさい。

①三角形の構造（　　　　）　　②面構造（　　　　）

③接合部の固定（　　　　）

⑦本棚の背板　　④補強金具　　⑰建物の耐震補強

⑭丈夫にすることができるが，斜め材(すじかい)で空間が塞がれる。

㋔強い部材が必要だが，内部の空間を使うことができる。

㋕補強の効果は大きいが，材料がたくさん必要になる。

2 下の図や文は，部材を丈夫にする方法に関するものである。　▶▶ 1 3

□(1) 次のA〜Dの名称を下の⑦〜㋔から選びなさい。

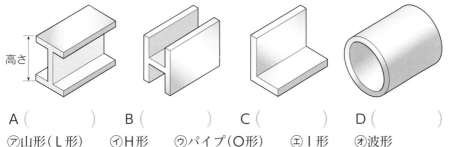

高さ

A（　　　　）　　B（　　　　）　　C（　　　　）　　D（　　　　）

⑦山形（L形）　　④H形　　⑰パイプ（O形）　　㋓I形　　㋔波形

□(2) 鉄道のレールに使われているのは，上のA〜Dのどの形状か選びなさい。　（　　　　）

□(3) 次のA〜Dの名称を下の⑦〜㋔から選びなさい。

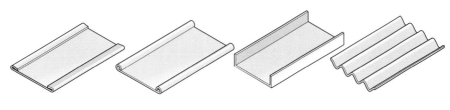

A（　　　　）　　B（　　　　）　　C（　　　　）　　D（　　　　）

⑦波形　　④折り曲げ　　⑰ふち巻き　　㋓L形　　㋔折り返し

□(4) 小屋やガレージなどの屋根に使われているのは，上のA〜Dのどれか。　（　　　　）

（　・）にあてはまる語句や記号を答えよう。

1 材料と加工の技術の工夫 ▶▶

☐(1)　身の回りの製品は，時間や材料，費用などの制約の中で，目的とする①（　　　　）を実現するために，社会からの要求，②（　　　　）性や耐久性，③（　　　　）への負荷，資源の有限性や経済性のバランスを最も適切にとって開発されている。

☐(2)　製品に関わるさまざまな④（　　　　）を解決し，より良い製品を生みだすために，材料と加工の技術が工夫され生かされている。
　　⑦環境　　⑦問題　　⑦機能　　⑤安全

2 技術の工夫 —— 材料の利用 ▶▶

☐(1)　丸太を切断して板材や角材にしたものを①（　　　　）という。木目を製品に生かすことができるが，品質が均一でなく，製材した際に端材などが出る。

☐(2)　小さな板の繊維方向を合わせてつないだり，積み重ねたりして貼り合わせた木質材料を②（　　　　）という。強度や品質が安定しているが，接着剤で接着する必要がある。また，①（　　　　）のような木目は出せない。
　　⑦集成材　　⑦製材品

3 技術の工夫 —— 加工 ▶▶

A

B

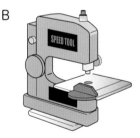

☐(1)　上のAの名称は①（　　　　），Bは②（　　　　）である。

☐(2)　AもBも木材の切断に使われる。AとBを比べると，細かく丁寧な切断ができ，安全性が高いのは③（　　　　）である。

☐(3)　AとBを比べると，切断に時間と技能が必要なのは④（　　　　）である。

☐(4)　AとBを比べると，安定した精度で切断でき，生産効率が高いのは⑤（　　　　）である。

> **要点**　身の回りの製品は，使用者にも生産者にも配慮して生み出されている。材料と加工の技術によって問題を解決し，最適化されている。

5　材料と加工の技術の工夫を読み取ろう

❶ 飲み物の容器の問題点を，ペットボトルにより解決した例について，次の各問い
に答えなさい。　▶▶ **1**

☐(1)　記述 飲み物の容器として，びんと比べてペットボトルにはどのような良い点があるか。使
用者の視点から，「持ち運び」「丈夫さ」に着目して答えなさい。

$$\left(\right)$$

☐(2)　次の文の①〜⑤に最も適切な語句を，下の⑦〜⑦から選びなさい。

ペットボトルは材料が①（　　　　）しやすく，環境への配慮がなされている。また，材料
としてのコストが②（　　　　），大量生産できるため，③（　　　　）が高い。
材料をより軽く，薄いものに改善することができれば，材料の使用量を④（　　　　）こと
ができ，資源の⑤（　　　　）に，より配慮した容器にすることができる。

⑦リサイクル　　⑦有限性　　⑦減らす　　⑦経済性　　⑦高く　　⑦低く（安く）

❷ 木質材料に生かされている技術の工夫について，(1)〜(3)の文に関係のあるも
のを，下の⑦〜⑦から2つずつ選びなさい。　▶▶ **2 3**

☐(1)　丸太を回転させながら薄くむいて作った板を奇数枚，繊維方向を交互に変えて接着剤で貼
り合わせたもの。　　（　　　）

☐(2)　木材の小片に接着剤を加えて積み重ね，熱と圧力を加えて作ったもの。　（　　　）

☐(3)　木材を繊維状にし，接着剤を加えて積み重ね，熱と圧力を加えて作ったもの。（　　　）

⑦パーティクルボード　　⑦合板　　⑦ファイバーボード　　⑦集成材

⑦厚さ，大きさを変えやすいが，強度は低い。家具などの部材に使われる。

⑦繊維方向による性質の違いが少なく，建築材や家具などに使われる。

⑦曲げに強く，断熱性に優れている。畳床などに使われる。

❸ 次のA，Bの図は，材料を丈夫に接合するための技術の工夫の例である。
①に入る名称を答え，下の各問いにも答えなさい。　▶▶ **2 3**

A　①（　　　　　）による接合　　　　　　　　B 補強金具（補助金具）による接合

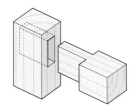

☐(1)　ゆるみが少なく固い接合になるのは，A・Bのどちらか。　　（　　　）

☐(2)　同じものを接合する場合，費用がかかるのは，A・Bのどちらか。

（　　　）

1　問題の発見と課題設定
2　製作品の構想と設計

（　）にあてはまる語句を答えよう。

1 問題の発見と課題の設定

□(1) 学校や生活の場で，少し不便さを感じたり，快適でないと感じたりすることがある。こうした ①（　　　　　）は，自分で何かを製作することで解決できることがある。

□(2) ①（　　　　　）を発見したら，どうすればより便利になるか，より快適になるか，解決法やアイディアを考え，②（　　　　　）を設定する。

□(3) 材料と加工の技術を生かすことで，さまざまな ①（　　　　　）を ③（　　　　　）し，より良い製品が生み出されている。

自分の身の回りの問題を発見しよう！

2 課題の設定までの手立て

□(1) 身の回りで発見した問題を解決するために，世の中にはどのような製品があるか，先輩はどのような製作品を作ったのかなどを ①（　　　　　）する。

□(2) 頭に浮かんだイメージなどを ②（　　　　　　　　）に描いたり，考えを進めるためにイメージマップなど ③（　　　　　）を活用したりする。

□(3) 幼児がけがをしないかといった ④（　　　　　）性，機能性，価格などの ⑤（　　　　　）性，資源の有限性などを考える。

3 製作品の構想と設計

□(1) 自分の設定した ①（　　　　　）を解決するために，製作品を設計する。

□(2) 製作品の使用目的や ②（　　　　　）に適した機能，③（　　　　　），材料，加工方法を具体的に検討する。

□(3) 製作にかかる時間や費用，材料などの ④（　　　　　），材料を無駄なく使えるか，壊れたり不要になったりしたときにはどのように廃棄するかなど，環境への負荷についても考える。

□(4) 構想は文章や ⑤（　　　　　）で表す。

□(5) ダンボールや厚紙などを使って製作品を ⑥（　　　　　）したり，友達と互いに評価し合ったりして構想を ⑦（　　　　　）する。評価や ⑦（　　　　　）は繰り返し行う。

要点 身の回りにある問題を発見し，解決する方法やアイディアを考えて課題を設定する。構想を具体化するには，機能，構造，材料，加工方法を検討する。

1 問題の発見と課題設定
2 製作品の構想と設計

❶ 身の回りの問題を解決するためのプロセスについて，次の各問いに答えなさい。▶▶**1 2**

□(1) 次の㋐〜㋔を，製作品による問題解決のプロセスに沿って並べ替えるとどうなるか。次の①〜④にあてはまるものを下の㋑〜㋔から選びなさい。

㋐ ⇔ ①(　　)⇔ ②(　　)⇔ ③(　　)⇔ ④(　　)

㋐問題の発見，課題の設定　　㋑製作　　㋒評価，改善・修正

㋓設計・計画　　㋔新たな問題の発見

□(2) 記述 自分のアイディアをまとめ，課題を設定するまでの手立ての例を2つ書きなさい。
(　　　　　　　　　　　・　　　　　　　　　　　)

❷ 製作品の構想と設計について，次の各問いに答えなさい。　　　　　▶▶**2 3**

□(1) 次の表は，製作品の構想を具体化するときに検討する項目についてまとめたものである。①〜⑧にあてはまるものを下の㋐〜㋛から選びなさい。

検討する項目	具体的な内容
①(　　)	使う③(　　)，形や大きさ，使いやすさ，安全性，デザイン　など
構造	加わる力の大きさや④(　　)，丈夫な構造，安全性　など
材料	⑤(　　)に適するか，特性，寸法，⑥(　　)，⑦(　　)への負荷の軽減　など
②(　　)	加工できるか，⑧(　　)，時間，⑦(　　)への負荷の軽減　など

㋐価格　　㋑工具・機器　　㋒環境　　㋓加工方法　　㋔機能
㋕制約条件　　㋖方向　　㋗場所　　㋘社会　　㋙問題

□(2) 次の①〜③の文が正しければ○を，誤っていれば×を( )に書きなさい。

①製作品の大きさは，余裕を見込まずきっちりした大きさにする。　(　)

②背板を入れるより面構造にする方が丈夫だが，製作品は重くなる。　(　)

③長く使うために，予算を超えていても，より高級な材料を購入する。　(　)

ヒント　❷(1) より良い構想を立てるには，利便性や経済性，安全性，機能性などを追求する工夫をする。

（　）にあてはまる語句を答えよう。

1 製図 ▶▶ ① ②

□(1) 製図についての決まりは，①（　　　　　）（日本産業規格）が定めている。

□(2) 全体の形，寸法，構造などの構想が分かるように描いた図を②（　　　　　）という。主に立体を1つの図で表すことができる③（　　　　　）を用いる。

□(3) 製作図には④（　　　　　）や，部品の相互関係や組み立てに必要な寸法などを示す組立図，拡大図などがある。これらの図には，主に⑤（　　　　　）による正投影図が用いられる。

□(4) 現在では多くの工業製品や構造物の設計において，コンピュータを利用して製図し，立体的に表示できる⑥（　　　　　）ソフトウェアが使われる。

2 製作に使われる図 ▶▶ ③

□(1) 下の図は①（　　　　　）である。立体の底面の直交する2辺を，水平線に対して左右に②（　　　　　）傾け，立体の幅・奥行き・高さの3辺の③（　　　　　）は等しく表す。

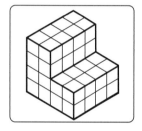

□(2) 下の図は④（　　　　　）による正投影図である。立体の手前に，互いに直交する透明な3つの画面を置き，各画面に対して⑤（　　　　　）の方向から見た形をそのまま画面に映す。立体の特徴を最もよく表す面を⑤（　　　　　）とする。⑥（　　　　　）の正確な形や接合方法なども描けるため，工業製品の製図に適している。

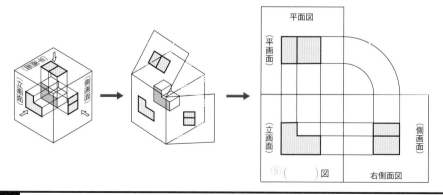

| 要点 | 製図の決まりは，JIS（日本産業規格）が定めている。製作に使われる図には，等角図，第三角法による正投影図，キャビネット図などがある。 |

3 製図

1 次のA～Fは，製図に使われる線の用途別の名称である。これについて下の各問いに答えなさい。　▶▶ **1**

A　外形線　　B　寸法線・寸法補助線　　C　引出線　　D　隠れ線
E　中心線　　F　想像線

□(1) 破線で描かれる線はどれか。A～Fから選びなさい。　　　　　（　　　）
□(2) 太線の実線で描かれる線はどれか。A～Fから選びなさい。　　（　　　）
□(3) 細線の二点鎖線で描かれる線はどれか。A～Fから選びなさい。（　　　）
□(4) 記号や説明を記入するときに使う線はどれか。A～Fから選びなさい。（　　　）

2 記述 次の図に使われている(1)～(6)の寸法補助記号の意味を答えなさい。　▶▶ **1**

□(1) $\phi 30$　　（　　　　　　　　　　）
□(2) $\square 40$　　（　　　　　　　　　　）
□(3) R10　　（　　　　　　　　　　）
□(4) C5　　（　　　　　　　　　　）
□(5) t10　　（　　　　　　　　　　）
□(6) 6キリ⤓10　（　　　　　　　　　　）

3 製作に使われる図について，次の各問いに答えなさい。　▶▶ **2**

□(1) 次の❶～❹は，等角図を描く手順である。①～⑦にあてはまるものを，下の㋐～㋜から選びなさい。同じものを2回選ぶこともある。
　❶水平線に対して①（　　　）の線と垂直線を引く。それぞれに②（　　　）の長さと高さの目印を付ける。
　❷目印から❶で引いた線に③（　　　）な線を引き，④（　　　）の面を描く。
　❸左右の交点から②（　　　）の線に⑤（　　　）な線を引き，⑥（　　　）面を描く。
　❹不要な線を消し，外形を⑦（　　　）で仕上げる。
　㋐幅　㋑奥行き　㋒太い線　㋓細い線　㋔30°　㋕45°　㋖上下
　㋗左右　㋘垂直　㋙平行　㋚上　㋛底　㋜90°

□(2) 次の文の①～⑤にあてはまるものを下の㋐～㋙から選びなさい。
　右の図は①（　　　）で描かれている。立体の②（　　　）となる面を実物と同じ形に描き，③（　　　）の辺を④（　　　）傾けて，実際の長さの⑤（　　　）の割合で表す。
　㋐第三角法　㋑キャビネット図　㋒正面　㋓側面　㋔高さ
　㋕奥行き　㋖30°　㋗45°　㋘2分の1　㋙3分の1

ヒント **2** 寸法はミリメートル単位で記入し，単位は書きません。

4 計画と製作

（ ）にあてはまる語句を答えよう。

1 準備，けがき，切断

- □(1) 製作に必要な図を基に，部品名，材質，仕上がり寸法などを記入する①（　　　　　）や材料取り図を作成する。製作の手順を②（　　　　　）という。工程ごとに主な作業，使用工具・機器，作業のポイントなどをまとめた③（　　　　　）を作成する。

- □(2) 材料に，切断したり穴をあけたりする印となる線を引くことを④（　　　　　）という。

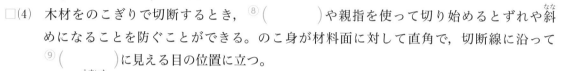

- □(3) のこぎりなどで切断する線を⑤（　　　　　）という。
  ⑥（　　　　　）寸法に切り代と削り代を加えたものを，
  ⑦（　　　　　）という。

- □(4) 木材をのこぎりで切断するとき，⑧（　　　　　）や親指を使って切り始めるとずれや斜めになることを防ぐことができる。のこ身が材料面に対して直角で，切断線に沿って⑨（　　　　　）に見える目の位置に立つ。

- □(5) 金属の薄板を切断するときには，⑩（　　　　　）を使う。金属の棒材を切断するときに使う弓のこは，⑪（　　　　　）ときに材料を切断する。

2 部品加工，組み立て，仕上げ

- □(1) 各部の名称。

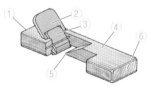

①（　　　　　）　②（　　　　　）
③（　　　　　）　④（　　　　　）
⑤（　　　　　）　⑥（　　　　　）

- □(2) 卓上ボール盤で通し穴をあける場合は，⑦（　　　　　）を敷く。止まり穴（止め穴）の場合は，⑧（　　　　　）で深さを調節する。材料は，⑨（　　　　　）や万力などでしっかり固定する。⑩（　　　　　）眼鏡や防じんマスクを使う。手袋は巻き込まれることがあるため着用⑪（　　　　　）。

- □(3) くぎ接合をするとき，下穴は，⑫（　　　　　）で材面に垂直にあけると作業しやすい。くぎは，最初はげんのうの⑬（　　　　　）面で，終わりは⑭（　　　　　）面で打つ。

- □(4) 製作品を傷や汚れ，さびなどから守り，美しく保つために表面処理をする。このうち，表面を塗料で塗る塗装の方法には，はけ塗り，塗料に浸して引き上げてから乾かす浸し塗り，スプレーを使う⑮（　　　　　）がある。

6, 7ページも復習しよう！

要点	各工程で使用する材料と作業内容に合った工具・機器を選び，正確に作業する。安全や作業の能率，材料の無駄などに注意して製作する。

4　計画と製作

1 製作に使用する工具・機器について，次の各問いに答えなさい。　▶▶ 1 2

□(1) 次のA〜Dの工具の名称を書き，どのような作業に使うかを下の㋐〜㋑から選びなさい。

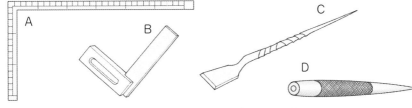

A（名称：　　　　　　・作業：　　　）　B（名称：　　　　　　・作業：　　　）
C（名称：　　　　　　・作業：　　　）　D（名称：　　　　　　・作業：　　　）

㋐金属材料やプラスチック材料をけがくときに使う。
㋑板材の寸法を測ったり，直線をけがいたりするときに使う。
㋒金属材料に穴あけの中心位置をけがくときに使う。
㋓角材などを測ったり，直線をけがいたり，板材の4面をけがいたりするときに使う。

□(2) かんながけについて，①〜⑤にあてはまるものを下の㋐〜㋕から選びなさい。

かんな身を出すには，かんな身の①（　　　　　）をたたく。かんな身を抜くには，②（　　　　　）
の角を交互にたたく。
かんなで③（　　　　　）削りをするときには，かんなの③（　　　　　）面を工作台の上を滑ら
せながら材料の末端まで一気に引き削る。一方，④（　　　　　）削りをするときには，初め
に板幅の⑤（　　　　　）ほどを削り，材料を裏返して残りを削る。

　　㋐こば　　㋑かしら　　㋒台がしら　　㋓3分の2　　㋔こぐち　　㋕4分の1

□(3) 次のA〜Cの機器の名称を書き，どのような作業に使うかを下の㋐〜㋓から選びなさい。

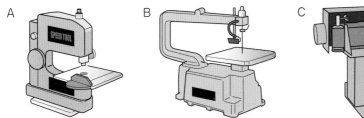
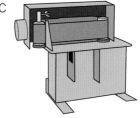

A（名称：　　　　　　・作業：　　　）　B（名称：　　　　　　・作業：　　　）
C（名称：　　　　　　・作業：　　　）

㋐木材，金属，プラスチックの曲線引き・切り抜きをするときに使う。
㋑木材を削るときに使う。
㋒木材の表面を塗装するときに使う。
㋓木材，金属，プラスチックの直線・曲線引きをするときに使う。

製作に必要な部品の取り出し方を理解しよう！

ミスに注意 **1** (2)こぐち削りでは，材料の端が割れないようにする必要がある。

ぴたトレ
1
要点チェック

1 材料と加工の技術の最適化
2 これからの材料と加工の技術

時間 **10分**

解答 p.3

（ ）にあてはまる語句を下から選び，記号で答えよう。

1 材料と加工の技術の最適化　▶▶❶

- □(1) 材料と加工の技術を用いた①（　　　）は，社会や産業の中でも行われている。

- □(2) 社会や産業の中での①（　　　）は，製品の②（　　　），省エネルギー，③（　　　）の削減，④（　　　）への配慮など，幅広く進められている。

- □(3) そのときは最適な技術であっても，時代や⑤（　　　）の変化などによって常に社会からの要望は変化するため，⑥（　　　）な解を求め続けることが必要である。

- □(4) 製品の最適化。

⑦（　　　）	②（　　　）
機能性は？　丈夫かな？ デザインは？　品質は？ 性能は？	生産するときは？ 使用するときは？ 情報セキュリティへの配慮は？
⑧（　　　）	⑨（　　　）
省エネルギーかな？ 再資源化できるかな？ 廃棄物は少ないかな？	生産するときの費用は？ 使用するときの費用は？ 輸送・流通の費用は？

自分の問題解決の
最適化を比較しよう。

　⑦環境　　⑦最適　　⑦経済性　　⊥健康　　⑦問題解決
　⑦安全性　　⑦廃棄物　　⑦環境への負荷　　⑦社会からの要求

2 新しい材料と加工の技術の開発　▶▶❷

- □(1) 世代を超えて社会，①（　　　），経済の三要素のバランスがとれた社会を②（　　　）な社会という。

- □(2) ②（　　　）な社会は，物質的な面だけでなく，③（　　　）な面からも，安心，豊か，健やかで快適な暮らしが可能で，文化や④（　　　），地域における⑤（　　　）などを，将来の世代に約束できる社会と考えられている。

- □(3) ②（　　　）な社会の実現に向けて，生活における必要性や価格，製造・使用・⑥（　　　）における環境への負荷や耐久性などの視点から材料と加工の技術を⑦（　　　）し，それらの技術の適切な⑧（　　　）の方法などについて考えることが大切である。

　⑦コミュニケーション　　⑦選択　　⑦廃棄　　⊥伝統　　⑦環境　　⑦精神的
　⑦評価　　⑦持続可能　　⑦集中　　⊜肉体的

要点	社会や産業の中で，材料と加工の技術を最適化した問題解決が進められている。 持続可能な社会の実現に向けて材料と加工の技術を評価し，適切に選択する。

ぴたトレ 2 練習

1 材料と加工の技術の最適化
2 これからの材料と加工の技術

時間 **15分**　解答 p.3

1 熊本城天守閣の復旧に生かされる技術の最適化について，次の各問いに答えなさい。▶▶ **1**

□(1) 次の文の①～②に適切な語句を書きなさい。

2016年4月に発生した熊本地震により，熊本市にある熊本城も大きな被害を受けた。現在，①(　　　　　　)や利便性を向上させながら，②(　　　　　　)な技術を生かした迅速な復旧作業が進められている。

□(2) 次の図を見て，後の文の①～⑤に最も適切な語句を，下の㋐～㋢から選びなさい。

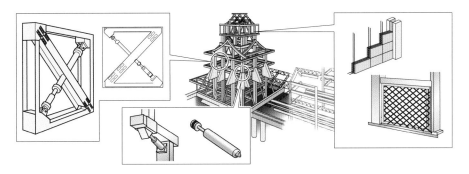

油の粘性で①(　　　　　)や衝撃を吸収するオイルダンパーと，滑りと摩擦でエネルギーを吸収する摩擦ダンパーを同じか所に設置して②(　　　　　)を向上させている。観覧しやすいスペースを保ち，費用を抑えることもできる。

柱や梁に軽くて鉄の約10倍の強度を持つ③(　　　　　)繊維シートを巻くことで，丈夫な構造にしている。鉄と炭素の合金である④(　　　　　)製のブロックを用いた⑤(　　　　　)は，壁の向こう側を見通せるので，開放感が出る。

㋐湿気　　　㋑振動　　　㋒耐震性　　　㋓防水性　　　㋔鋳鉄
㋕木質材料　㋖炭素　　　㋗シリコン　　㋘防火壁　　　㋢耐震壁

2 新しい材料と加工の技術の開発について，次の各問いに答えなさい。▶▶ **2**

□(1) 木材の繊維方向を直角に交わるように接着・圧縮し，コンクリートのような強度まで高めて大規模な建築に利用できるようにしている木質材料を何というか。(　　　　　　)

□(2) 記述 (1)の材料は，どのような社会からの要求があって生まれたかを答えなさい。
(　　　　　　　　　　　　　　　　　　　　　　　　　　　　　　　)

□(3) 新国立競技場の建築に生かされている技術について，①～④に適切な語句を書きなさい。

木材と鉄骨を組み合わせた部材を使用することで，木の温もりを保ちつつ①(　　　　　)な構造となっている。外観は木と緑のひさしで構成され，地域の環境と②(　　　　　)している。③(　　　　　)建築に利用されている木のひさしと緑豊かなテラスからの風が競技場に流れるようになっていて，③(　　　　　)と④(　　　　　)を活用する構造になっている。

――― ヒント ――― **2** (1) 略称または英語で呼ばれる。直訳すると直交集成板。

材料と加工の技術

時間 30分　／100点　合格 70点　解答 p.3

❶ 製品を作るためには，木材，金属，プラスチックなどの材料が使われる。 18点

☐ ①木材，②金属，③プラスチック，の材料の特性について，それぞれに最も適当なものを下の⑦～⊇から４つずつ選びなさい。同じものを２回選ぶこともある。

①木材　　②金属　　③プラスチック

⑦熱や電気を伝えやすい　　④熱や電気を伝えにくい　　⑦軽いわりに丈夫

⊥硬くて丈夫　　⑦切断や切削がしやすい　　⑦曲げ延ばしできる

⑧硬いものや軟らかいもの，透明なものや色の付いたものなど種類が多い

⑦海洋汚染などの環境問題を起こしている　　⑦燃えやすい

⊇さびが出て腐食することがある

❷ 丈夫な構造にするためには工夫が必要である。 技 16点

☐ 次の文の（　　）にあてはまる言葉を下の⑦～⑦から選びなさい。

図１のような箱がゆがみやすいのは①（　　　）の構造だからである。これを図２のように斜め材を付け（すじかいを入れて）②（　　　）の構造にすると強度が増す。また，図３のように③（　　　）を板材で固定しても丈夫になる。図４のように接合部を④（　　　）で固定することで強度を高める方法もある。

⑦三角形　　④四角形　　⑦円形　　⊥補強金具　　⑦面全体

力　図１　→　図２　→　図３　→　図４

❸ 木材の切断には主に両刃のこぎりを使う。 42点

☐(1) 図１のA，Bはそれぞれ何引き用という刃を表しているか。 技

☐(2) 図２の板を①～③の方向に切るときは，図１のA，Bどちらの刃を使うか。

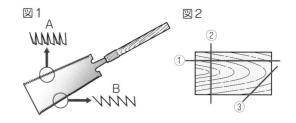

図１　A　B

図２　①②③

成績評価の観点　技 …技術・家庭での技能　思 …技術的・実践的な思考・判断・表現

□(3) のこぎりの刃は，図3のように左右に振り分けられている。これを何というか。

図3

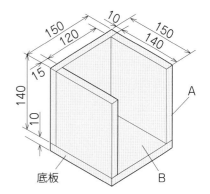

□(4) のこぎりの刃が左右に振り分けられている利点を次の⑦～⊆から2つ選びなさい。

⑦切り口をきれいにする

④のこ身の厚さよりもひき溝を大きくする

⑦のこ身の動きを軽くする　　　⊆切り終わりの割れを防ぐ

□(5) 板を切るときの順序が正しくなるように，⑦～⑦を並べ替えなさい。

⑦手前に引くときに軽く力を入れて一定のリズムで切り進む。

④ほかの人に木材の端を支えてもらうなどして切り，欠けを防ぐ。

⑦のこ身がけがき線にまっすぐ入っているか確かめて切る。

❹ リモコンラックの製作にあたって構想図を描く。思　　24点

□(1) この構想図は，何という図法で描かれているか。

□(2) 側板Aの仕上がり幅の寸法を描きなさい。

□(3) 底板Bの仕上がり幅の寸法を描きなさい。

□(4) 材料取り図で仕上がり寸法線と切断線の間が4mmとなっている。この部分を表すものを次の⑦～⊆から1つ選びなさい。

⑦材料取り寸法　　　④基準面

⑦切り代と削り代　　⊆けがき線

底板

A

B

150　120　10　150　140　15　140　10

❶	①		②		③	
		完答6点		完答6点		完答6点

❷	①		②		③		④	
		4点		4点		4点		4点

❸	(1)	A	B		(2)	①		②		③	
				完答6点			6点		6点		6点
	(3)			(4)			(5)		→	→	
			6点			完答6点					6点

❹	(1)		(2)	
		6点		6点
	(3)		(4)	
		6点		6点

定期テスト
予報　材料特有の性質をよく知ることと，加工に必要な工具の正しい使い方を覚えておきましょう。また，製図を描く力と読み取る力を付けておきましょう。

1　生物育成の技術と環境調節

（　）にあてはまる語句を答えよう。

1 生物育成の技術

□(1)　生物育成の技術は，食料の生産だけでなく，①（　　　　　　　　）・燃料の生産，健康・医療などへの利用，②（　　　　　　　）の保全などの目的にも用いられている。

□(2)　生物育成の技術には，育成環境を③（　　　　　　　）する技術，生物の成長を④（　　　　　　　）する技術，生物の特徴を⑤（　　　　　　　）する技術がある。

□(3)　生物育成の技術に加え，保存や⑥（　　　　　　　）などの技術も発達したことで，年間を通して農産物，⑦（　　　　　　　），水産物が流通し，消費者へ届くようになった。

2 育成環境を調節する技術

□(1)　生物をとりまく環境には，次のようなものがある。

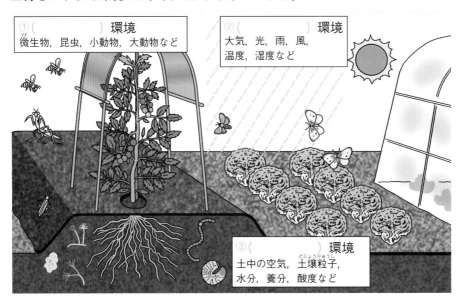

①（　　　　　　　）環境
微生物，昆虫，小動物，大動物など

②（　　　　　　　）環境
大気，光，雨，風，温度，湿度など

③（　　　　　　　）環境
土中の空気，土壌粒子，水分，養分，酸度など

□(2)　自然の植物は，その種の生育に適した光，④（　　　　　　　），土壌水分，養分が得られる場所で生育している。

□(3)　作物は，その⑤（　　　　　　　）に適した⑥（　　　　　　　）環境が得られる地域で，適した時期に栽培することが基本である。しかし，⑥（　　　　　　　）環境を調節する技術を用いることで，栽培することができる地域を広げたり，⑦（　　　　　　　）時期を調整したり，より安定的に⑦（　　　　　　　）できる⑥（　　　　　　　）環境を整えたりすることができるようになる。

要点　生物育成の技術は，**食料生産**だけでなく，**さまざまな目的**に用いられている。
作物の栽培には，**育成環境を調節する技術**が用いられている。

1 生物育成の技術と環境調節

1 生物育成の技術について，次の各問いに答えなさい。　▶▶ **1**

□(1) 次の①〜③の生物育成の技術に関する例を，下の㋐〜㋕から2つずつ選びなさい。
　　①育成環境を調節する技術　　　　　　　　　　　（　　　・　　　）
　　②生物の成長を管理する技術　　　　　　　　　　（　　　・　　　）
　　③生物の特徴を改良する技術　　　　　　　　　　（　　　・　　　）
　　㋐キュウリを栽培するのに，支柱を立てて支柱に沿わせて育成する。
　　㋑生食用のトマトは，原種に比べて食べる部分が大きくて甘みがある。
　　㋒植物工場では，温度や培養液の成分が自動で調整されている。
　　㋓改良により，乳牛の乳を搾る期間が長くなった。
　　㋔暑さに弱い乳牛のために，夏には大型送風機やミストシャワーを使用している。
　　㋕養殖場で魚に与える餌は，魚が小さいときと大きいときでは形や量，栄養成分が違う。
□(2) 生物育成技術の目的のうち，材料・燃料の生産の例を2つ挙げなさい。
　　　（　　　　　　　　　・　　　　　　　　　）

2 育成環境を調節する技術について，次の各問いに答えなさい。　▶▶ **2**

□(1) 記述 右の写真のビニルトンネルには，どのような役割があ
　　　りますか。「温度」という言葉を用いて説明しなさい。
　　　（　　　　　　　　　　　　　　　　　　）

□(2) 記述 右の写真の黒いフィルムには，どんな役割がありますか。「光」「土」という言葉を用いて説明しなさい。
　　　（　　　　　　　　　　　　　　　　　　）

□(3) 次の文の①〜③にあてはまる語句を下の㋐〜㋙から選びなさい。
　　ダイコンやブロッコリーなどの野菜の種を発芽させたものを①（　　　　　　）という。
　　①（　　　　　　）には芽という意味がある。①（　　　　　　）を育成することで，育生環境
　　を調節する技術を体験することができる。例えば，アルミ箔を使うと②（　　　　　　）の
　　条件を変えることができる。②（　　　　　　）の条件については，日光に当てた場合と
　　③（　　　　　　）に当てた場合の成長の様子なども比較するとよい。
　　㋐スプラッシュ　　㋑スプラウト　　㋒カイワレダイコン　　㋓温度　　㋔光
　　㋕水分　　㋖土　　㋗温風　　㋘LED　　㋙雨水

ミスに注意 **2** (3) アルミ箔にはどのような特徴があるか，考えてみよう。

2 生物育成技術を利用した栽培・飼育

（　）にあてはまる語句を答えよう。

1 作物の成長を管理する技術　▶▶❶

□(1) 作物の葉や花の形，付き方には ①（　　　　　）があり，開花や結実までの日数は，種類や ②（　　　　　）ごとにほぼ決まっている。成長を管理するために，作物やその周辺に手を加え，さまざまな作業を行う。作業は適切な ③（　　　　　）を逃さずに行うことが大切である。

□(2) 表の④〜⑥の技術名。

作物の成長を管理する技術	技術の目的
摘芽，④（　　　　　），摘枝	栄養管理，品質向上，結実促進
施肥，元肥，⑤（　　　　　）	栄養管理，品質向上，収量増大
支柱立て，⑥（　　　　　），摘葉	通風・日当たり改善，作業性向上

2 動物を育てる技術　▶▶❷

□(1) 人が飼育して利用する動物のことを ①（　　　　　）という。人は ①（　　　　　）から，食料だけでなく，衣料や工業製品の ②（　　　　　），③（　　　　　）などを得ている。

□(2) ①（　　　　　）は人の利用に応じて ④（　　　　　）され，特徴や能力を変化させてきた。

□(3) 成育のために必要な栄養素を与えることを ⑤（　　　　　）という。生産性を高めるために与えられる，栄養価の高い飼料のことを ⑥（　　　　　）という。

□(4) 動物も苦しみや痛みを感じると考えられている。⑦（　　　　　）の視点から，飼育するときには苦しみや痛みを減らし，健康に生活させる工夫や努力が必要である。

3 水産生物を育てる技術　▶▶❸

□(1) 魚類や貝類，海藻類などの水産生物を人の手で育てて大きくすることを ①（　　　　　）という。水産生物を安定的に生産・供給することを目指している。②（　　　　　）や湖沼などの一部や，水田，陸上の施設などを使って行われる。

□(2) ①（　　　　　）では，稚魚のことを ③（　　　　　）という。マダイ，ヒラメ，トラフグなどは，天然の卵や稚魚に頼らず，人工生産の稚魚を ③（　　　　　）として育てる ④（　　　　　）が確立されているが，④（　　　　　）が確立されていないニホンウナギやブリなどは，天然産の稚魚を育てている。

要点	作物の成長を管理したり，家畜を健康に育てたり，水産生物を安定的に供給するために養殖したりするために，さまざまな技術が用いられている。

2 生物育成技術を利用した栽培・飼育

① 作物の成長を管理する技術について，次の各問いに答えなさい。　▶▶ ▊

□(1) 次の①〜④の技術の目的を，下の⑦〜㋑から選びなさい。

①種まき，移植・定植　（　　　）　　　②間引き　（　　　）
③摘芽　（　　　）　　　④受粉　（　　　）

⑦栽培に適した苗を選択する　　　㋑収量を安定させる
㋒栄養管理をする　　　　　　　　㋑生育場所を提供する

□(2) 肥料について，次の文の①〜④にあてはまる語句を書きなさい。

肥料には，作物の①（　　　　　）を向上させ，②（　　　　　）を増大させるという効果がある。しかし，過剰に与えると①（　　　　　）や②（　　　　　）は低下する。また，過剰に与えると，③（　　　　　）がかかるだけでなく，土壌に残ったり，地下水や河川に流れたりして④（　　　　　）に負荷を与えるので，適切な量を用いることが重要である。

② 動物を育てる技術について，次の①〜④にあてはまる語句を，下の⑦〜㋚から選びなさい。　▶▶ ▊

□(1) メスの乳牛は，①（　　　　　）後約10か月間，搾乳する。

□(2) 健康に，効率良く成育させるために，畜舎の温度，換気などの②（　　　　　）管理，清掃や消毒，予防薬の投与などの③（　　　　　）管理が必要である。

□(3) 繁殖においては，④（　　　　　）技術の進歩により品種改良が進み，高い能力を持った家畜が生産できるようになった。

⑦出生　㋑離乳　㋒出産　㋓清掃　㋔衛生　㋕健康
㋖環境　㋗人工授精　㋘給餌　㋙搾乳　㋚授乳

③ 水産資源と水産生物を育てる技術について，次の各問いに答えなさい。　▶▶ ▊

□(1) 次の①〜⑤の文が正しければ○を，誤っていれば×を（　）に書きなさい。

①世界中の人が食べる魚を中心とする水産生物の量は，増え続けている。　（　　　）

②世界全体で，とる漁業による生産量が増え続けている。　（　　　）

③海の魚は陸上の施設では養殖できないので，海面いけすで養殖する。　（　　　）

④ニホンウナギやブリなどは完全養殖の技術が確立されていないので，天然産の稚魚を種苗として育てる。　（　　　）

⑤天然の水産資源を守るために，稚魚や稚貝の放流，禁漁期や禁漁区の設定，漁獲体長制限などが行われている。　（　　　）

□(2) 天然の水産資源を守るために環境を保全・改善する技術にはどのようなものがあるか，1つ例を挙げなさい。　（　　　　　）

ミスに注意　**③**(1) 陸上養殖では，海水魚用と淡水魚用の水槽がある。

1 育成計画，成長段階に合わせた育成

（　）にあてはまる語句を答えよう。

1 作物の育成計画　▶▶①

□(1) 育成する作物に適切な ①（　　　　　　　）が得られる場所や時期を考慮して栽培計画を立てる。難しい場合，作物を再検討するか，育成環境の調節を考える。

□(2) 生産者や消費者のニーズに合った ②（　　　　　　　）を選択する。

□(3) 作物や ②（　　　　　　　）に応じた育て方を調べ，③（　　　　　　　）にまとめる。

□(4) 作物の生育や管理作業などを，地域ごとに月を追って示したものを ④（　　　　　　　）という。

□(5) 日本の各地には，交雑や分化を繰り返しながらその土地に合ったものが残り，品種として固定して栽培されている野菜がある。このような野菜を ⑤（　　　　　　　）という。

□(6) ⑥（　　　　　　　）は，植物の新品種の創作に対する保護を定めた法律である。

2 適切な管理作業　▶▶①

□(1) 植物を健康に育てるためには，右のような，土の粒子や ①（　　　　　）などが結合して小さな塊になっている ②（　　　　）構造の土がよい。適度な隙間があるため水はけ，水持ちがよく，③（　　　　　）もある。

□(2) 肥料の三要素は，茎や葉，根の成長に役立つ ④（　　　　　），花や果実，新根の発育に役立つリン酸，光合成を盛んにし，果実や根をよく育てる ⑤（　　　　　）である。

□(3) 種まきの方法

種の大きさによってまき方が違うんだね。

⑥（　　　　）　　⑦（　　　　）　　⑧（　　　　）

大きい種の種まきや，間引きをあまり行いたくないときの種まきの方法は ⑧（　　　　）が適している。細かい種は ⑥（　　　　），一般的な大きさの種は ⑦（　　　　）にする。

□(4) 植物を植える場所を変えることを ⑨（　　　　　）という。その後，植える場所を変えないときは，⑩（　　　　　）という。

□(5) 施肥において，定植などの前に初期の成長を促す目的で与える肥料を ⑪（　　　　　），生育状況に応じて与える肥料を ⑫（　　　　　）という。

> **要点**　育成する作物に適した環境条件を考え，目的に合わせて栽培計画を立てる。成長の様子などを適切に観察し，成長の状態に合わせて適切な管理作業を行う。

1 育成計画，成長段階に合わせた育成

① 作物の適切な管理作業について，次の各問いに答えなさい。　▶▶ 1 2

□(1) 次の①〜③にあてはまるものを2つずつ書きなさい。

①気象環境(気象的要因)　（　　・　　）

②生物環境(生物的要因)　（　　・　　）

③土壌環境(土壌的要因)　（　　・　　）

□(2) 次のA〜Dの作業の名称を，下の⑦〜⊕から選びなさい。

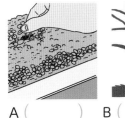  

指で何を持っているかな？

A（　　）　B（　　）　C（　　）　D（　　）

⑦摘果　　⑦間引き　　⑦移植　　⊕摘芯　　⑦摘芽　　⑦受粉　　⊕誘引

□(3) 枝や茎と支柱をビニルタイやひもなどで固定することを何というか。（　　　）

A　　　B

□(4) (3)の方法として適切なものは，右のA，Bのどちらか。（　　　）

□(5) 収穫について，次の①〜③の文が正しければ○を，誤っていれば×を（　）に書きなさい。

①ミニトマトの収穫期は，大きさや色，開花からの日数などで判断する。（　　）

②品種が違っても，同じ作物なら同時に植えれば同時に収穫できる。（　　）

③ナスやピーマンなどでは，最初にできる一番果を大きくすると，あとの実もよく育つので，一番果を大切に育てるとよい。（　　）

□(6) 植物の病害虫について，次の①〜②に適当な語句を入れなさい。また，A〜Dの病気や害虫の名前を下の⑦〜⊕から選びなさい。

植物は，高温や低温，多湿，①（　　　　　）が続くと，カビ，②（　　　　　），ウイルスなどが原因となって病気にかかりやすくなる。害虫は虫により，葉や茎を食べるものや，汁を吸うもの，病気をうつすものなどがある。よく観察して見付けたらすぐに対応する。

A（　）　　　　　

B（　）

C（　）

D（　）

A　　　B　　　C　　　D

⑦モザイク病　　⑦ウドンコ病　　⑦葉枯れ病　　⊕ナメクジ

⑦アブラムシ　　⑦ヨトウムシ　　⊕カメムシ

2 動物や水産物の飼育と育成

時間 **10**分　解答 p.4

( )にあてはまる語句を答えよう。

1 動物の飼育

□(1) 動物により生産物を得る場合は，動物が生産しやすい①( )をどのように整えるかが大切である。給餌，換気や温度調節，②( )の処理など，動物の健康状態に応じて適切に判断する必要がある。

□(2) 写真の①〜⑤の乳牛の1日の管理作業の名称。

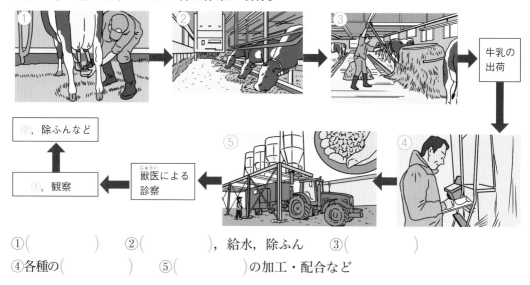

①( )　②( )，給水，除ふん　③( )
④各種の( )　⑤( )の加工・配合など

2 水産生物の育成

□(1) 水産生物を人の手で育てる漁業を①( )という。

□(2) 飼育管理には，場所や方法，水質の管理など，その水産生物に適するよう②( )を調節する技術と，給餌，健康管理など，成長を③( )する技術が必要である。

□(3) 陸上に人工的に作った水槽などの環境で行う①( )を④( )という。天然の海水などを利用した流水式，閉鎖した環境の中で，飼育水をろ過して浄化し，循環させて利用する方法がある。

□(4) ④( )では，魚の種類や⑤( )によって異なる水槽で育成している。魚の状態に応じて，⑥( )の配合，給餌，水質管理などを行う。

□(5) 飼育水を循環させる方式の④( )では，飼育水を供給する装置や，水中に⑦( )を供給する装置，飼育水をろ過槽と飼育槽で循環させる装置などを飼育管理に用いている。

> **要点** 動物による生産では，生産しやすい環境の提供が大切である。
> 魚の養殖では，健康状態や成長の状況などに応じて育成管理が行われている。

2　動物や水産物の飼育と育成

① 動物の飼育について，次の各問いに答えなさい。　▶▶ **1**

□(1) 動物の健康状態を知るための観察のポイントを3つ書きなさい。

（　　　　　　　　・　　　　　　　　・　　　　　　　　）

□(2) 乳牛の一生について，図と文の①～④に最も適切な語句を，下の㋐～㋘から選びなさい。

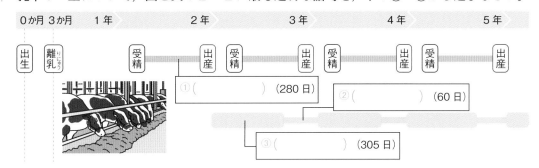

メスの乳牛は，一生のうち3～4回，子牛を産む。5～6年飼育した後，④（　　　　　）として出荷される。オスの子牛は④（　　　　　）として肥育され，およそ2年で出荷される。

㋐乾乳期間（かんにゅう）　㋑搾乳期間（さくにゅう）　㋒子育て期間　㋓妊娠期間（にんしん）　㋔肥育期間

㋕肉用　㋖繁殖用（はんしょく）　㋗飼育用

② 水産生物の育成について，次の各問いに答えなさい。　▶▶ **2**

□(1) [記述] 上の①は養殖の魚の餌（えさ）を準備しているところ，②は給餌しているところ，③，④は与（あた）えている餌である。③，④の餌の大きさは，何に合わせて調節しているか。

（　　　　　　　　　　　　　　　　　）

□(2) [記述] 養殖の魚に餌を与えるときの量について，「食べ残し」「均一」という言葉を使って説明しなさい。

（　　　　　　　　　　　　　　　　　）

□(3) ②にあるような設備を使って行う養殖を何というか。　（　　　　　　　　）

□(4) 次の文が正しければ○を，誤っていれば×を（　）に書きなさい。

① 魚はあまりストレスを感じないので，特に気を付ける必要はない。　（　　　）

② 学校で来校者を迎（むか）えるために金魚を飼うときには，飼育のしやすさよりも，見た目の美しさで品種を選ぶとよい。　（　　　）

1　生物育成の技術の最適化
2　これからの生物育成の技術

（　）にあてはまる語句を答えよう。

1 生物育成の技術の最適化　▶▶①

- □(1)　生物を育てる技術により，食材だけでなく，医薬品などの製品や①（　　　　　　　　　）などの燃料も作られている。

- □(2)　生物を育てる技術は，生活や地域の環境整備などを通して，人との②（　　　　　　　　　）をもたらしたり，人の心に安らぎを与えたりする役割も果たしている。

- □(3)　生物の③（　　　　　　　）を操作し，より目的に合った品種に改良する技術や，植物の育成過程で用いられる除草剤や殺虫剤などが，人間の体や生活，自然界にどのような影響を与えるのかが課題になっている。また，動物福祉の視点からは，生産においても消費においても，④（　　　　　　　）に配慮することが求められている。

- □(4)　⑤（　　　　　　　　　　　）は，生物が持つ機能を効率的に利用し，人間の生活に役立てようとする技術である。この技術により③（　　　　　　）を操作して性質を改変した農作物を⑥（　　　　　　　　）農作物という。高い能力を持った動物と同一の③（　　　　　　　）を持った個体である⑦（　　　　　　　）を増殖する技術の研究や開発も進められている。

2 これからの生物育成の技術　▶▶②

- □(1)　ロボット技術や①（　　　　　　　　　　　）(ICT)を活用して，超省力，高品質生産を実現する新たな農業のことを②（　　　　　　　　　）という。

- □(2)　農業における生産工程管理の取り組みのことを③（　　　　　　　）(農業生産工程管理)という。定められた規則で肥料や農薬の使用などの農業生産工程の記録，点検，評価などを行うことで，③（　　　　　　）認証を取得できる。

- □(3)　③（　　　　　　）の取り組みの例について。

④（　　　　）	⑤（　　　　）	労働安全	人権保護	⑥（　　　　）
●異物混入の防止 ●農薬の適正使用・保管 ●使用する水の安全性の確認 等	●適切な施肥 ●土壌侵食の防止 ●廃棄物の適正処理・利用 等	●機械・設備の点検・整備 ●薬品・燃料等の適切な管理 ●安全作業のための保護具の着用等	●強制労働の禁止 ●差別の禁止 ●技能実習生の適切な労働条件の確保等	●責任者の配置 ●教育訓練の実施 ●内部点検の実施等

> **要点**　生物育成の技術には，プラス面もマイナス面もある。これからは，蓄積されてきた技術を適切に選択，管理・運用し，新しい技術の改良・応用をすることが大切。

1　生物育成の技術の最適化
2　これからの生物育成の技術

1 生物育成技術の最適化について，次の各問いに答えなさい。　▶▶ **1** **2**

□(1) 記述 遺伝子を操作した植物やクローン動物の技術を評価するとき，どのようなことを考える必要があるか。「食材」「自然界」という言葉を使って書きなさい。

（　　　　　　　　　　　　　　　　　　　　　　　　　　　　　　　　　）

□(2) 2018年に世界で栽培された遺伝子組み換え農作物の栽培面積について，1位から4位までの作物を，下の⑦～⑰からそれぞれ選びなさい。

1位（　　　　）　　　2位（　　　　）　　　3位（　　　　）　　　4位（　　　　）

⑦コムギ　　　④トウモロコシ　　　⑰ナタネ　　　④ダイズ　　　⑦コーヒー　　　⑰ワタ

□(3) (2)の1位の作物の栽培面積は，遺伝子組み換え農作物の栽培面積のどのくらいを占めているか，次の⑦～④から選びなさい。　　　　　　　　　　　　　　　　　（　　　　）

⑦　約30%　　　④　約50%　　　⑰　約70%　　　④　約90%

□(4) 次の①～⑤は，GAPの取り組みの例である。それぞれにあてはまるものを，下の⑦～㋙から2つずつ選びなさい。

①食品安全（　　　・　　　）　　　②環境保全（　　　・　　　）

③労働安全（　　　・　　　）　　　④人権保護（　　　・　　　）

⑤農場経営管理（　　　・　　　）

⑦適切な施肥　　　④農薬の適正使用・保管　　　⑰責任者の配置　　　④差別の禁止

㋔機械・設備の点検・整備　　　㋕異物混入の防止　　　㋖薬品・燃料等の適切な管理

㋗土壌侵食の防止　　　㋘教育訓練の実施　　　㋙技能実習生の適切な労働条件の確保

2 これからの生物育成の技術について，次の各問いに答えなさい。　▶▶ **2**

□(1) 次のA，Bは，乳牛の飼育の省力化のために用いられるロボットである。それぞれ何のロボットか書きなさい。

A（　　　　　　　　）ロボット
B（　　　　　　　　）ロボット

□(2) 農業，林業，水産業には，目的とする生産物を供給する以外にも，景観や環境の保全，洪水や土砂崩れの防止，交流や教育の場の提供など，さまざまな役割を担っている。このような役割のことを何というか。　　　　　　農業，林業，水産業の（　　　　　　　　　　　）

ヒント　**1** (1) その生物やそれらを食べ続けた人に対して長期的にどのような影響を及ぼすかは，まだ十分には分かっていない。

生物育成の技術

時間 30分 ／100点　合格 70点　解答 p.5

---

❶ 植物を健康に育てる土の構造について，次の各問いに答えなさい。　16 点

☐(1) 右のA，Bは土の構造である。それぞれの構造の名称を書きなさい。

☐(2) 植物の成長に適した土はA，Bのどちらか書きなさい。

A 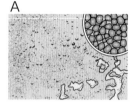　B

☐(3) (2)の構造について，次のうち正しいものには○を，誤っているものには×を書きなさい。

①水はけも水持ちもよい。　　②空気が通りにくい。

③微生物やミミズの排せつ物がこのような構造の土を作る。

---

❷ 種をまいた後の管理について，次の各問いに答えなさい。 技 思　26 点

☐(1) 発芽を促すために適切に管理する必要がある3つの条件を書きなさい。

☐(2) 育てる苗を残してその他の苗は取り除く。この管理作業を何というか書きなさい。

☐(3) (2)の作業を行うのは何のためか書きなさい。

☐(4) (2)の作業で取り除くのはどのような苗か，2つ書きなさい。

---

❸ 苗の植え付けと管理について，次の各問いに答えなさい。 技　19 点

☐(1) 良い苗の見分け方について，①〜③にあてはまる語句を書きなさい。

良い苗は，葉が①(　　　　　)，茎が②(　　　　　)，節(茎に葉のついているところ)と節の間が③(　　　　　)，子葉は傷んでおらず，白い根がしっかり張っている。

☐(2) 次の文の①〜⑤にあてはまる語句を，下の⑦〜◻から選びなさい。

植物を植える場所を変えることを①(　　　　　)という。その後，植える場所を変えない場合は②(　　　　　)という。支柱を立てて沿わせることで，日当たりや風通しなどが向上する。茎と支柱をひもなどで固定することを③(　　　　　)という。このとき，ひもなどと茎は④(　　　　　)。結び目は⑤(　　　　　)側に作る。

⑦定植　　⑦移植　　⑦じか植え　　◻ひも止め　　⑦誘引

⑦余裕を持って結ぶ　　⑦密着させてしっかり結ぶ　　⑦茎　　⑦支柱　　◻受粉

---

❹ 肥料について，次の各問いに答えなさい。 技　19 点

☐(1) 定植などの前に土の中に施す肥料のことを何というか。

　成績評価の観点　技…技術・家庭での技能　思…技術的・実践的な思考・判断・表現

□(2) 作物の生育状況を見ながら施す肥料のことを何というか。

□(3) 施肥において，窒素，リン酸，カリウムのことをまとめて何というか。

□(4) 肥料について，次の文の①～③にあてはまる語句を書きなさい。

動植物や動物の排せつ物などを発酵させた肥料を ①(　　　　　　)という。② (　　　　　　) 効き，効果は長く続く。一方，化学的に製造した肥料を ③(　　　　　)といい，ゆっくりと 効くものもすばやく効くものもある。

❺ 作物を栽培する環境について，次の各問いに答えなさい。[思]　20点

□(1) 右のAのような栽培方法を何 というか。また，Bのような 施設を何というか。

□(2) Bの施設での栽培について， 良い点と課題を書きなさい。

A 　B

❶	(1)	A		B		(2)		
			4点		4点		2点	
	(3)	①		②		③		
			2点		2点		2点	

❷	(1)					(2)	
			3点		3点		3点		4点
	(3)						5点
	(4)				4点		4点

❸	(1)	①		②		③			
			3点		3点		3点		
	(2)	①		②		③		④		⑤
			2点		2点		2点		2点		2点

❹	(1)			(2)		(3)	
			3点		3点		4点
	(4)	①		②		③	
			3点		3点		3点

❺	(1)	A		B	
			4点		4点
	(2)	良い点：			6点
		課　題：			6点

定期テスト **予報** 育成環境について理解し，生物を育成する技術の目的と正確な方法を覚えておきましょう。 また，技術のプラス面とマイナス面について考えましょう。

1 エネルギー変換と発電

( )にあてはまる語句を答えよう。

1 エネルギーの変換 ▶▶①

□(1) 家電製品など身の回りにある機器は，エネルギーを利用して仕事をしている。私たちは，①( )から得たエネルギーを，さまざまな技術により光エネルギー，熱エネルギー，動力エネルギーなどほかのエネルギーに変えて利用している。

□(2) ①( )には，石油，石炭などの②( )，ウランなどの③( )，水力，風力，太陽光などの自然エネルギーがある。

□(3) 照明器具では④( )エネルギーを光エネルギーに変えて利用している。このように，エネルギーの形態を変えることを⑤( )という。

□(4) 照明は④( )エネルギーを光エネルギーに変えているが，そのときに⑥( )エネルギーも放出されるため，機器が熱くなる。

□(5) (4)のように，エネルギーが使用目的以外に放出されることを⑦( )という。供給されたエネルギーのうち何パーセントが目的のエネルギーに変換されたかを表す値を⑧( )という。

2 発電と電気の供給 ▶▶①②

□(1) 発電：あるエネルギーを①( )に変換すること。

□(2) ②( )：コイルや磁石を動かすことでコイルの中の磁界が変化すると，コイルに電流が流れる現象。

□(3) ③( )発電：石油や石炭などの④( )を燃やし，蒸気で発電機を回す。

□(4) ⑤( )発電：ウランなどの⑥( )燃料を利用する。

□(5) ⑦( )エネルギー：水力や風力，太陽光など，自然界において常に補充され，永続的に利用できるエネルギー。

□(6) 時間が経過しても電流の向きが変わらない電流を⑧( )(DC)，電流の向きと大きさが時間とともに周期的に変わる電流を⑨( )(AC)という。

□(7) 高電圧で電気を送ると，エネルギー損失が少なくなる。このため，発電所で作られた電気は，電圧の高さを変える⑩( )が簡単な⑨( )の電流で送られる。

電気機器についているＡＣアダプタは，⑨を⑧に変えているよ。

□(8) 発電所から配電用変電所まで電気を送ることを⑪( )，配電用変電所から各家庭や工場などに送ることを配電という。

要点 生活や社会では，エネルギー変換の技術によりエネルギーを利用している。電気はさまざまな方法で発電される。発電所からは交流の電気が送られる。

1 エネルギー変換と発電

1 エネルギーの変換について，次の各問いに答えなさい。　▶▶ **1 2**

□(1) 次の⑦～⑦の発電方法のうち，エネルギー変換効率が最も高いのはどれか。　（　　　）

⑦火力発電　　⑦原子力発電　　⑦水力発電　　①風力発電　　⑦太陽光発電

□(2) 次の①～④の文が正しければ○を，誤っていれば×を（　）に書きなさい。

①現在のエネルギー利用の中心は，電気エネルギーである。　　　　　　　（　　　）

②LED電球のエネルギー変換効率は，ほぼ100％となっている。　　　　（　　　）

③日本の電源の周波数は，東日本が50Hz，西日本が60Hzである。　　　（　　　）

④発電機では熱エネルギーから電気エネルギーへの変換が行われている。　（　　　）

2 発電と電力供給について，次の各問いに答えなさい。　▶▶ **2**

□(1) 次のA～Cの発電方法の名称を答えなさい。

A（　　　　　　）　　　B（　　　　　　）　　　C（　　　　　　）

□(2) 記述 上のB，Cの発電方法に共通する長所は何か，「二酸化炭素」という言葉を使って書きなさい。

（　　　　　　　　　　　　　　　　　　　　　　　　　　　　　　　　　）

□(3) 次の⑦～⑦は，発電所と家庭の間にある施設である。電気が送られる順に並べ替えなさい。

⑦一次変電所　　⑦柱上変圧器　　⑦超高圧変電所　　①中間変電所
⑦配電用変電所

発電所→（　　　　→　　　　→　　　　→　　　　）→家庭

□(4) 次の①～⑥にあてはまる語句を，下の⑦～⊗から選びなさい。

発電所で発電された電気は①（　　　）の電流で送られる。発電所から家庭へ向かうにしたがって②（　　　）は低くなり，発電所では27万5000V～50万Vだったものが，家庭に送られたときには200Vや③（　　　）になっている。

発電所からの電気のほか，電池も電源として使われる。充電できない使い切りの電池を④（　　　），充電できる電池を⑤（　　　）という。一般的な乾電池の②（　　　）は⑥（　　　）程度である。

⑦直流　　⑦交流　　⑦電流　　①電圧　　⑦50V　　⑦100V　　⊕300V
⑦一次電池　　⑦二次電池　　□再生可能電池　　⊕1.5V　　⊗15V　　⊗150V

（　）にあてはまる語句，記号を答えよう。

1 電気についての基礎知識 ▶▶ ❷

- □(1) ①(　　　　)：回路に流れる電気の流れ。単位記号は ②(　　　　)，読みは ③(　　　　)。
- □(2) ④(　　　　)：電気を流そうとする力。単位記号は ⑤(　　　　)，読みは ⑥(　　　　)。
- □(3) 抵抗：①(　　　　)の流れにくさ。単位記号は ⑦(　　　　)，読みは ⑧(　　　　)。
- □(4) ⑧(　　　　)の法則：④(　　　　)＝抵抗×①(　　　　)
- □(5) 電力：⑨(　　　　)あたりに消費される電気エネルギーの大きさ。単位記号は ⑩(　　　　)，読みは ⑪(　　　　)。電力＝①(　　　　)×④(　　　　)

2 電気回路 ▶▶ ❶

- □(1) 電気回路(回路)：電流の流れる道すじ。電源，①(　　　　)，負荷で構成される。スイッチなど ②(　　　　)を制御する仕組みが組み込まれることも多い。
- □(2) ③(　　　　)：電池やコンセントなど，②(　　　　)を送る役割をする部分。
- □(3) ④(　　　　)：モータ，LED（エルイーディー）など，電気エネルギーをほかのエネルギーに変換する部分。
- □(4) 電気回路は，日本産業規格(JIS（ジス）)で定められている ⑤(　　　　)を用いた ⑥(　　　　)で表す。

3 電気機器と安全 ▶▶ ❷

- □(1) 絶縁不良により電気回路以外に電流が通じることを ①(　　　　)(地絡)という。機器の故障や老朽化，水漏れなどによって起こる。感電や火災の原因となる。
- □(2) 機器が故障したり，配線を誤ったりしたことが原因で，電圧の異なる2本の電線が接触するなどして，電線に過大な電流が流れることを ②(　　　　)(短絡)という。これを防ぐために，回路を自動的に遮断する ③(　　　　)(遮断器)が各家庭に設置されている。①(　　　　)している部分に人が触れると感電するおそれがあるが，④(　　　　)を設置すれば，①(　　　　)遮断器によって回路が遮断される。
- □(3) 電源プラグとコンセントの間にほこりがたまって空気中の湿気を吸い込み，ほこりに電流が流れて ①(　　　　)し，発火する現象のことを ⑤(　　　　)現象という。
- □(4) 電気部品を安全に使用するために流してもよい電流を ⑥(　　　　)，加えてもよい電圧を ⑦(　　　　)，使用し続けることができる時間を ⑧(　　　　)といい，こうした値を定格値という。

> **要点** 電気に関する基礎知識を身に付け，電気回路の仕組みについて理解しよう。電気機器の安全な使い方や安全に使うための技術，定格について理解しよう。

2 電気回路と安全

1 次の表の記号は電気用図記号である。 ▶▶ 2

☐ A〜Jが表すものの名称を①〜⑩から，部品を⑦〜㋙から選びなさい。

	図記号	名称	部品		図記号	名称	部品
A				F			
B				G			
C				H			
D	Ⓜ			I			
E	⊗			J			

①モータ　　②スイッチ　　③電池・直流電源　　④コンデンサ　　⑤ランプ(電球)
⑥電源プラグ　　⑦ダイオード　　⑧コンセント　　⑨抵抗器　　⑩発光ダイオード
⑦抵抗器　　⑦モータ　　⑦コンデンサ　　⑤ダイオード　　⑦電源プラグ
⑦スイッチ　　⑦コンセント　　⑦電池・直流電源　　⑦ランプ(電球)　　㋙発光ダイオード

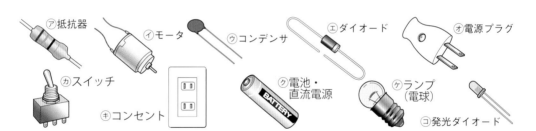

⑦抵抗器　⑦モータ　⑦コンデンサ　⑤ダイオード　⑦電源プラグ
⑦スイッチ　⑦コンセント　⑦電池・直流電源　⑦ランプ(電球)　㋙発光ダイオード

2 電気機器の安全な使用について，次の各問いに答えなさい。 ▶▶ 1 3

☐(1) 記述 感電とは何か，「電気」「体」という言葉を使って書きなさい。
(　　　　　　　　　　　　　　　　　　　　　　　　　　　　　)

☐(2) 次の図は定格表示の例である。次の①〜④にあてはまる語句を書きなさい。

①(　　　　　)　　　　③(　　　　　)

②(　　　　　)　　　　④(　　　　　)

☐(3) 計算 消費電力600Wの家庭用電子レンジを家で使用したとき，電子レンジのプラグに流れる
電流はいくらか答えなさい。　　　　　　　　　　　　　　　　(　　　　　)

3　運動エネルギーへの変換と利用

（　）にあてはまる語句や数字を答えよう。

1 運動エネルギーへの変換と回転運動を伝える仕組み　▶▶①

□(1)　機械は，外部から①（　　　　　）が供給されることで②（　　　　　　）を行う。

□(2)　機械は，熱①（　　　　　）や電気①（　　　　　）を③（　　　　　　）に変換し，動力を生み出す原動機，仕事を行う④（　　　　　），原動機から④（　　　　　）まで動力を伝える⑤（　　　　　）に分類できる。

□(3)　機械の運動には，直線運動，⑥（　　　　　），揺動運動がある。⑥（　　　　　）はモータなどの原動機で生み出される機械の運動の基本である。

□(4)　⑥（　　　　　）は摩擦車や⑦（　　　　　）（ギヤ）を用いると運動の大きさや方向などを変換することができ，ベルトやチェーンを用いると，離れたところに伝えることができる。

□(5)　⑦（　　　　　）の歯数を変えることで，目的に応じた回転速度や⑧（　　　　　）（トルク）を得ることができる。下の⑪（　　　　　）が大きいと，被動軸の回転速度は⑨（　　　　　）なり，回転力は⑩（　　　　　）なる。

□(6)　⑪（　　　　　）＝ $\dfrac{\text{駆動軸の回転速度}}{\text{被動軸の回転速度}}$ ＝ $\dfrac{\text{被動軸側の歯車の歯数}}{\text{駆動軸側の歯車の歯数}}$

2 機械が動く仕組み，共通部品と保守点検　▶▶②

□(1)　①（　　　　　）機構：4本の棒（①（　　　　　））を接合部で回転するように組み合わせたもので，さまざまな動きを作り出すことができる。

□(2)　②（　　　　　）機構：②（　　　　　）（原動節）とその輪郭に沿って動く従動節で構成され，回転運動を複雑な動きに変化させることができる。

□(3)　水や空気，油など自由に形を変える物質を③（　　　　　）という。

□(4)　右の図のように断面積の異なる2つのシリンダを接続し，③（　　　　　）を満たす。A_1とA_2の断面積比が1：2のとき，A_1のピストンを押し下げた力の④（　　　　　）倍の力でA_2を押し上げることができる。動かす距離は⑤（　　　　　）倍となる。これを⑥（　　　　　）の原理という。

□(5)　ねじやばねなどいろいろな機械に共通して用いられる部品は，共通部品として規格が定められている。共通部品の1つである⑦（　　　　　）（ベアリング）は，回転運動する軸を支え，滑らかに回転させるために用いられる。

□(6)　機械を安全に利用するためには⑧（　　　　　）（メンテナンス）が欠かせない。

> **要点**　機械の運動は回転運動が基本であるが，機構を組み合わせることでさまざまな動きを作り出すことができる。共通部品には規格が定められている。

① 回転運動を伝える仕組みについて，次の各問いに答えなさい。 ▶▶ **1**

□(1) 次のA〜Hの名称を下の⑦〜⑦から選びなさい。

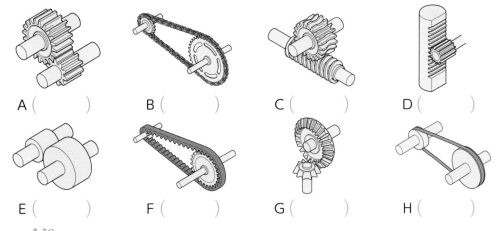

A (　　　　)　　B (　　　　)　　C (　　　　)　　D (　　　　)

E (　　　　)　　F (　　　　)　　G (　　　　)　　H (　　　　)

⑦摩擦車　　⑦平歯車　　⑦かさ歯車　　⑦ラックとピニオン　　⑦ウォームギヤ

⑦ベルトとプーリ　　⑦チェーンとスプロケット　　⑦歯付きベルトと歯付きプーリ

□(2) 次の①，②にあてはまるものを，(1)のA〜Hからすべて選びなさい。

①回転運動を摩擦で伝える…………(　　　　　　　　　　　　　　)

②回転運動をかみ合いで伝える……(　　　　　　　　　　　　　　)

② 機械が動く仕組みについて，次の各問いに答えなさい。 ▶▶ **2**

□(1) A〜Eの機構の名称にあてはまるものを下の⑦〜⑦から選びなさい。

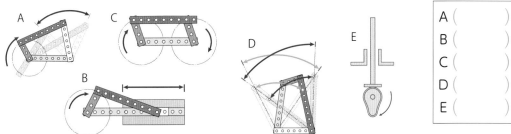

A (　　　　)
B (　　　　)
C (　　　　)
D (　　　　)
E (　　　　)

⑦両てこ機構　　⑦往復スライダクランク機構　　⑦平行クランク機構
⑦てこクランク機構　　⑦カム機構

□(2) 4サイクルガソリン機関において，燃焼ガスがピストンを押し下げる力をクランク軸の回
転運動に変えるのに使われているのは，(1)のA〜Eのどの機構か。 (　　　　)

□(3) 次の①〜②に適切な語句を書きなさい。

蒸気機関は，熱エネルギーを① (　　　　　　　　　　) に変換する仕組みである。蒸気により
回転運動を発生させる② (　　　　　　　　　　) は，発電所や船舶などで利用されている。

ミスに注意　② (1) エンジンの吸気弁や排気弁が動くのは，カム機構が使われている。

1 電気回路の設計と製作

（　）にあてはまる語句を答えよう。

1 電気回路の設計・製作の流れ

□(1)　設計要素として，電源，①（　　　　　），②（　　　　　　　）について検討する。電源は，②（　　　　　）の規格に対して電流，③（　　　　　）が適切なものを選ぶ。②（　　　　　）は電流の働きで④（　　　　　）をする部分であり，どのような⑤（　　　　　）をするかを検討して決める。

□(2)　構想をまとめ，回路を考案する。実験的に配線を行い⑥（　　　　　　　）（試作）で動作を検証する。コンピュータで⑦（　　　　　　　）を行うことで動作を確かめたり，修正したりすることもできる。回路が決まったら，製作に必要な⑧（　　　　　）を描く。

□(3)　材料を集め，⑨（　　　　），製作工程表など製作に必要な図表を準備し，製作する。⑩（　　　　）して動作を点検し，必要があれば調整する。

2 電気回路の設計・製作

▶▶❶❷

□(1)　次の①〜⑤の部品名
　①（　　　　　）：回路を開閉（オン／オフ）したり，電流を切り替えたりする。
　②（　　　　　）：負荷にかかる電流を制限したり，調整したりすることで，電気回路を正しく動作させる。
　③（　　　　　）：電気を蓄えたり放出したりし，電圧を安定させる。
　④（　　　　　）：電流を一方向だけに流す。交流を直流に変換したり（整流），逆流を防止したりする。
　⑤（　　　　　）：電流を増幅したり，スイッチング（①（　　　　　）の役割）したりする。

□(2)　光導電セルやフォトトランジスタは，⑥（　　　　）を検知するセンサである。

□(3)　⑦（　　　　）センサは，対象物に接触しなくても温度を瞬時に測定できるので，人感センサとして利用できる。

□(4)　右の⑧〜⑩の電源の名称。
　⑧（　　　　）　　⑨（　　　　）　　⑩（　　　　）

□(5)　電子部品をはんだづけするとき，はんだや接合部分を加熱するのに使う工具を，⑪（　　　　　　）という。

> **要点**　使用目的，使用条件に合わせて設計要素を検討し，構想を具体化して電気回路に表す。部品を適切に調節し，工具を正しく使って組み立て，製作する。

1　電気回路の設計と製作

① 電気回路の製作のための部品について，次の各問いに答えなさい。　▶▶ **2**

□(1) **作図** システムを構成する要素となる，いくつかの部品でできているものを，モジュールという。太陽電池とダイオードを組み込んだ，太陽電池発電モジュールの回路図を右に描きなさい。

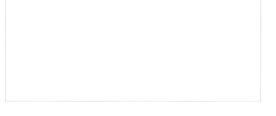

□(2) 充電モジュールを作りたい。電気を蓄えるために必要な部品は何か。

（　　　　　　　　　　　）

② 製作に必要な工具や工程について，次の各問いに答えなさい。　▶▶ **2**

□(1) 次のA～Dの工具の名称を書き，何のための工具かを下の⑦～⑦から選びなさい。

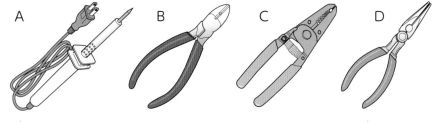

A　B　C　D

A（名称：　　　　　　　　使い方：　　）
B（名称：　　　　　　　　使い方：　　）
C（名称：　　　　　　　　使い方：　　）
D（名称：　　　　　　　　使い方：　　）

⑦コードの被覆を取るための工具。心線を傷付ける心配が少ない。

⑦金属パイプを折り曲げるための工具。

⑦電子部品の接続に使う工具。

⑦コードやリード線を切ったり，コードの被覆を取ったりするための工具。

⑦ものをつかんだり，挟んで曲げたりするなど，細かい作業をするための工具。

□(2) はんだづけについて，次の⑦～⑦を作業順に並べ替えなさい。

⑦はんだを適量，溶かし込む。

⑦余分なリード線を切る。

⑦こて先を離す。

⑦こて先を当て，リード線を軽く温める。

⑦はんだを離す。

正しく安全な使い方を確認しよう！

（　　　→　　　→　　　→　　　→　　　）

ヒント **②**(2)⑦の作業をしっかりとしておくと，その次の作業がきれいにできる。

2　機構モデルの設計と製作

（　）にあてはまる語句や記号を答えよう。

1 機構モデルの設計・製作の流れ

□(1)　設計要素として，動力源，①（　　　　　）を伝える仕組み（機構），②（　　　　　）をする
仕組みについて検討する。②（　　　　　）をする仕組みでは，実現させたい動きをする
③（　　　）部，走行部などについて検討する。機構については，実現したい動きを決め，
④（　　　　　）やカム機構，スライダクランク機構など，目的の動きを実現させるための
主な機構の種類を選ぶ。

□(2)　部品の配置やリンクの長さを検討し，⑤（　　　　　　　）にまとめる。⑥（　　　　　　）
（試作）により動作を検証する。コンピュータで⑦（　　　　　　　）を行うことで動作を確
かめたり，修正したりすることもできる。目的の機構が決まったら，⑧（　　　　　　）に表す。

□(3)　材料を集め，部品表，部品図，⑨（　　　　　　），組立図などの図表を準備し，製作する。
⑩（　　　　　　）して動作を点検し，必要があれば調整する。

2 機構モデルの設計・製作

□(1)　右のA，Bに用いられている機構。
　　A（　　　　　　　）
　　B（　　　　　　　）

□(2)　右のA〜Cの走行部の名称。
　　A（　　　　　　　）
　　B（　　　　　　　）
　　C（　　　　　　　）

□(3)　(2)のA〜Cを比較すると，旋回性や走破性に優れているのは，①（　　　　　　）である。一方，
直進安定性に優れているのは，②（　　　　　）である。

□(4)　ギヤ比 = $\dfrac{③（\qquad）の歯数}{④（\qquad）の歯数}$

速度伝達比とギヤ比は
しっかり理解しておこう。

□(5)　モータと被動軸のギヤ比が200：1の場合，⑤（　　　　　）が200回転すると⑥（　　　　　）
が1回転する。ギヤ比が大きくなると，被動軸の回転は⑦（　　　　　）なり，回転力は
⑧（　　　　　）なる。使用目的や⑨（　　　　　）に応じてギヤの組み合わせを検討する。

> **要点**　目的の動きを実現させるための**機構**を考え，**構想**に基づいて設計する。動力源
> や作業部，走行部についても，**使用目的**，**使用条件**に適したものを選択する。

2　機構モデルの設計と製作

1 次のA〜Eの機構モデルについて，次の各問いに答えなさい。　▶▶**1** **2**

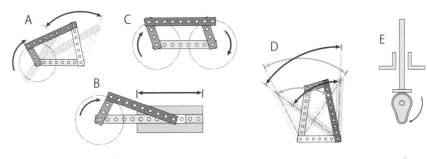

□(1)　回転運動をするリンクを何というか。（　　　　　　）

□(2)　揺動運動をするリンクを何というか。（　　　　　　）

□(3)　次の①〜⑤にあてはまるものを，A〜Eから選びなさい。

① 回転運動を往復運動に変える。（　　　　　　）

② 回転運動を複雑な動きに変化させる。（　　　　　　）

③ 揺動運動を揺動運動に変える。（　　　　　　）

④ 回転運動を揺動運動に変える。（　　　　　　）

⑤ 回転運動を回転運動に変える。（　　　　　　）

2 機構モデルの設計・製作について，次の各問いに答えなさい。　▶▶**1** **2**

□(1)　次の①〜⑤にあてはまる語句を下の⑦〜⑨から選びなさい。

設計要素を検討する際には，使用する材料の強度，費用，①（　　　　　　）への負荷を検討する。また，部品に加わる力の大きさや②（　　　　　　）を考えて，③（　　　　　　）な構造にする。材料は，④（　　　　　　）しやすいものを使う。リンクの結合には，小ねじと⑤（　　　　　　），はとめなどを使うとよい。

⑦丈夫　　⑦ナット　　⑦向き　　⑨加工　　⑦環境　　⑦くぎ　　⑦はんだ

□(2)　動力源として流体が用いられることがある。流体の例を2つ挙げなさい。

（　　　　　・　　　　　）

□(3)　断面積の異なる2本のシリンダをつなぎ，中に流体を入れる。静止している流体に加わる圧力はどこでも等しいため，断面積の小さい方のシリンダを押すと，押した力より大きな力を断面積の大きな方に伝えることができる。これに関係の深い原理の名称を答えなさい。

（　　　　　　　）

□(4)　舗装していない工事現場などで使うロボットの走行部として最も適しているものを，次の⑦〜⑨から選びなさい。（　　　　）

⑦3輪車　　⑦4輪車　　⑦クローラベルト（無限軌道）　　⑨2輪車

ヒント　**1** (3) Aの機構は自動車のワイパーに使われている。

（　）にあてはまる語句を答えよう。

1 エネルギー変換の技術の最適化　▶▶①

□(1) エネルギー変換の技術は，さまざまな条件を考慮に入れながら，電気的な仕組みや①（　　　　　）な仕組みを最適化して実現している。快適で便利な生活，②（　　　　　）の高い産業社会の実現には欠かせない技術である。エネルギー変換の技術には，電気や③（　　　　　），流体，熱などの特性が活用されている。

□(2) エネルギー変換の技術の課題としては，石油などの④（　　　　　）をはじめとする資源の枯渇の問題や，二酸化炭素などの⑤（　　　　　）の排出による地球温暖化といった，⑥（　　　　　）への負荷があげられる。

□(3) 地球温暖化対策については，2020年以降の国際的な枠組みを定めた⑦（　　　　　）が2016年11月に発効されている。

□(4) 安全面からは，交通機関や工場などでは装置の劣化や⑧（　　　　　）での見落としなどにより，重大な事故が発生するおそれもある。

□(5) 災害の影響により重大な事故が発生することもある。2011年3月11日に発生した東日本大震災では，福島第一⑨（　　　　　）で炉心溶融と建屋爆発事故が発生し，現在も帰還困難区域が残されている。

□(6) エネルギー変換の技術には，光の側面だけでなく，⑩（　　　　　）の側面もある。

2 新しいエネルギー変換の技術の開発　▶▶②

□(1) 未来へ向けて①（　　　　　）な社会を構築するためには，現在の技術を適切に選択，管理・運用すると同時に，新しい技術の開発を進めていくことも大切である。

□(2) ②（　　　　　）は水素と酸素を化学反応させて直接，電気を発生させる装置である。エネルギーを③（　　　　　）技術であるといえる。一方，電気自動車で利用されている④（　　　　　）イオン電池は，④（　　　　　）イオンの移動により放電，充電を行う化学電池で，エネルギーを⑤（　　　　　）技術である。

□(3) 製品のライフサイクル(資源の採取，製造，輸送，使用，廃棄，リサイクルなど)の全段階を通して，環境への影響を客観的に評価する手法を⑥（　　　　　）(LCA)という。

□(4) 都市の抱える課題に対して，⑦（　　　　　）(ICT)などの新しい技術を活用しつつ，計画，整備，管理・運用などが行われ，全体の最適化が図られる①（　　　　　）な都市や地域を⑧（　　　　　）という。

要点 エネルギー変換の技術には，光も影もある。持続可能な社会の構築に向けて，現在の技術を多様な視点で見極め，新しい技術の開発を進めていくことが重要である。

44

1 エネルギー変換の技術の最適化
2 これからのエネルギー変換の技術

① エネルギー変換の技術の最適化について，次の各問いに答えなさい。 ▶▶ **1**

□(1) 記述 エネルギー変換の技術のプラス面の例を，簡潔に書きなさい。

（　　　　　　　　　　　　　　）

□(2) 記述 エネルギー変換の技術のマイナス面の例を，簡潔に書きなさい。

（　　　　　　　　　　　　　　）

□(3) 原子力発電の①プラス面，②マイナス面を，それぞれ下の⑦〜⑦から2つずつ選びなさい。

①プラス面（　　　・　　　）　　②マイナス面（　　　・　　　）

⑦廃棄物を簡単に再利用できる。　　　④安定して電気を供給できる。

⑦エネルギー変換効率が最も高い。　　⊥発電による二酸化炭素の排出がない。

⑦発電量が不安定である。　　　　　　⑦事故が起きたときの安全性。

⑦化石燃料を使用する。　　　　　　　⑦使用済み核燃料の処分方法。

□(4) 家庭において二酸化炭素を最も排出していることになるのは，次の⑦〜⑦のどれか（世帯あたり，2018年）。

（　　　　　）

⑦暖房　　　④照明・家電製品など　　⑦キッチン　　⊥冷房　　⑦自動車

② これからのエネルギー変換の技術について，次の各問いに答えなさい。 ▶▶ **2**

□(1) 2016年に発効したパリ協定では，21世紀後半には温室効果ガスの排出を実質ゼロにすることを目標としている。このような実質的な温室効果ガスの排出がない社会を何というか。

（　　　　　　　　　　　　　　）

□(2) 右の図は，冷媒を圧縮すると温度が上がり，膨張させると温度が下がる性質を生かし，熱を移動させる技術の模式図である。冷暖房や給湯に利用されているこの仕組みを何というか。　（　　　　　　　　）

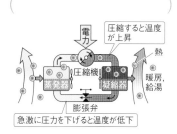

□(3) 潮の満ち引きの運動エネルギーを利用して電力を得ようとする発電方法を何というか。

（　　　　　　　　　　　　　　）

□(4) 次のA，Bの模式図が表す電池の名称をそれぞれ答えなさい。

A（　　　　　　　　）

B（　　　　　　　　）

□(5) エネルギーを作る技術は，(4)のA，Bのどちらか。

（　　　　　　　）

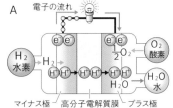

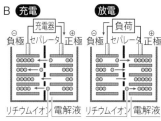

ヒント ② (2) 図中の圧縮機はコンプレッサと呼ばれ，ポンプの中に含まれる。

① **エネルギー変換，発電について，次の各問いに答えなさい。** 28点

□(1) 次の①〜④は，電気エネルギーを何エネルギーに変換して利用しているか書きなさい。
　①モータ　　②アイロン　　③電灯　　④電気ストーブのヒータ

□(2) 次の①〜④の発電方法について，それぞれにあてはまるものを下の㋐〜㋙から2つずつ選びなさい。同じものを2回選ぶこともある。
　①火力発電　　②水力発電　　③原子力発電　　④太陽光発電
　㋐国内で大規模なものを増やすのは難しい　　㋑大量の二酸化炭素を排出する
　㋒再生可能エネルギーを利用する　　㋓燃料が安定的に調達できない
　㋔化石燃料を利用する　　㋕核分裂によりエネルギーを得る
　㋖使用済み燃料の処分が難しい　　㋗天候や気象条件に左右される

② **電気機器の利用について，次の問いに答えなさい。** 思 6点

□　定格値が15A，125Vのテーブルタップを家庭のコンセントに差し込んで使用する。次の①，②をそれぞれ1つのテーブルタップで使用する場合，危険なのはどちらか。
　①消費電力20WのCDラジカセ，24Wの電気スタンド，75Wのノートパソコン，210Wの加湿器
　②消費電力710Wの炊飯器，1000Wのオーブントースター

③ **機械が動く仕組みについて，次の各問いに答えなさい。** 技 思 42点

□(1) 次の図は，回転運動を伝える仕組みである。A〜Dの名称を下の①〜⑤から，説明を後の㋐〜㋔から選びなさい。

A 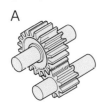　B 　C 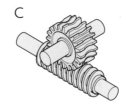　D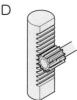

　①かさ歯車　　②ウォームギヤ　　③ベルトとプーリ　　④平歯車
　⑤ラックとピニオン
　㋐2軸は平行で回転は逆になる。　　㋑回転運動を直線運動に変えることができる。
　㋒2軸が交わることで，回転の向きを立体的に変えられる。
　㋓摩擦で回転運動を伝える。　　㋔大きな速度伝達比を得ることができる。

□(2) 次の文が正しければ○を，誤っていれば×を書きなさい。

① 往復スライダクランク機構は，回転運動を往復直線運動に変える。

② てこクランク機構は，回転運動を回転運動に変える。

□(3) 右の図のモータのピニオンギヤと最終ギヤの速度伝達
比はいくらか。また，モータが毎分5400回転すると，
クランク軸は毎分何回転するか。

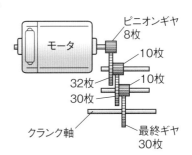

ピニオンギヤ
8枚
モータ
10枚
32枚
30枚
10枚
クランク軸
最終ギヤ
30枚

□(4) 自転車で急な坂を上るとき，右のA，
Bのどちらのギアを使うとよいか。理由
も答えなさい。

A　後車輪側　ペダル側　　B　後車輪側　ペダル側

④ 次の(1)〜(4)について，①名称と②電気用図記号を書きなさい。技　　24点

(1)

(2)

(3)

(4)

❶	(1)	①		3点	②		3点
		③		3点	④		3点
	(2)	①	2点×2	②	2点×2	③	2点×2	④	2点×2

| ❷ | | 6点 |

❸	(1)	A 名称： 2点	説明： 2点	B 名称： 2点	説明： 2点
		C 名称： 2点	説明： 2点	D 名称： 2点	説明： 2点
	(2)	① 2点	② 2点	(3) 速度伝達比： 7点	回転 7点
	(4)	ギヤ： 2点	理由： 6点

| ❹ | (1) | ① 3点 | ② 3点 | (2) ① 3点 | ② 3点 |
| | (3) | ① 3点 | ② 3点 | (4) ① 3点 | ② 3点 |

定期テスト
予報　エネルギー変換，発電と電気機器の安全な使い方，回路や電気用図記号について整理しましょ
う。機械が動く仕組み，部品や機構の名称も大切です。

（　）にあてはまる語句や記号を答えよう。

1 コンピュータの機能と装置　▶▶❶

□(1)　コンピュータには5つの機能がある。

① (　　　　　　　) 機能：文字や数値，画像などの情報をコンピュータに入れる機能。

② (　　　　　　　) 機能：処理した結果や情報を人間やほかの装置に表示したり伝える機能。

③ (　　　　　　　) 機能：メモリやハードディスクなどにデータやプログラム，処理結果を覚えさせておく機能。

④ (　　　　　　) ・ ⑤ (　　　　　　　) 機能：データを処理し，コンピュータの各装置に命令の信号を出す機能。

□(2)　⑥ (　　　　　　　) (CPU)は，④ (　　　　　　) ・ ⑤ (　　　　　　　) の機能を持つ装置を持っている。

□(3)　切れ目のない連続的に変化するような情報を ⑦ (　　　　　　　) 情報，連続していない一定の間隔で区切って段階的に表す情報を ⑧ (　　　　　　　) 情報という。

2 情報のデジタル化　▶▶❷

□(1)　コンピュータでは情報を統合的に処理できるよう，あらゆる情報は0と1の ① (　　　　　　) 数で表現される。アナログ情報を0と1の組み合わせであるデジタル情報に置き換えることを ② (　　　　) という。

□(2)　0と1で表される情報量の最小単位を ③ (　　　　　　) (bit)という。通常は8 bitを1つのまとまりとして扱い，その単位を ④ (　　　　　) (Byte)という。単位記号は ⑤ (　　　　　)。

□(3)　画像は，画素(⑥ (　　　　　　)) という点の集まりで表現される。解像度とは画素の集まりの度合いのことで，⑦ (　　　　　) あたりの画素数で表される。単位は ⑧ (　　　　　　)。

3 情報通信ネットワーク　▶▶❸

□(1)　さまざまな機器の間で情報のやりとりができるよう，ケーブルや無線通信などで接続したものを情報通信ネットワークという。① (　　　　　　) は機器をハブや無線ルータなどで接続したもの，② (　　　　　　) は世界中の情報通信ネットワークを接続したものである。

□(2)　情報のやりとりをするためのサービスを提供する役割のコンピュータを ③ (　　　　　)，異なるネットワーク間の中継装置，情報の交通整理をする機器を ④ (　　　　　) という。

□(3)　情報機器は，⑤ (　　　　　　) とよばれる番号によって識別されている。

要点　情報の表現や記録の仕組み，身の回りの情報機器や情報通信ネットワークについて理解しよう。デジタル化とは何か，データ量の単位も押さえておこう。

1 情報の技術について，次の各問いに答えなさい。　▶▶ **1**

□(1) コンピュータ本体やその周辺装置のように形のあるものを何というか。（　　　　）

□(2) コンピュータの処理を記述しているプログラムなどを何というか。（　　　　）

□(3) ①主に入力機能を持つもの，②主に出力機能を持つもの，を下の㋐〜㋚からすべて選びなさい。

①（　　　　　　　　　）　②（　　　　　　　　　）

㋐パソコンのキーボード　㋑プリンタ　㋒スマートフォンのモニタ
㋓エアコンのリモコン　㋔パソコンのディスプレイ　㋕プロジェクタ
㋖マウス　㋗デジタルビデオカメラ　㋘イヤフォン　㋙マイクロフォン

2 情報のデジタル化について，次の各問いに答えなさい。　▶▶ **2**

□(1) |記述| 情報のデジタル化により同じ文字情報をどのような形式で表すことができるか，2つ書きなさい。（　　　　　　　）

□(2) 次の①〜④の文が正しければ○を，誤っていれば×を（　）に書きなさい。
①コンピュータでは，あらゆる情報を0と1の10進数で表現する。（　　）
②1ビットで表せる情報は，0と1の2通りである。（　　）
③8ビットでは，16通りの情報が表せる。（　　）
④解像度72dpiの画像と350dpiの画像では，350dpiの画像の方がデータ量が多く，同じ大きさで表示すると，350dpiの画像の方がきれいな画像になる。（　　）

□(3) 次の㋐〜㋒を，データ量の小さな順に並べ替えなさい。（　　→　　→　　）
㋐1TB（テラバイト）　㋑1MB（メガバイト）　㋒1GB（ギガバイト）

□(4) 次の式の①〜③にあてはまる数値を書きなさい。
1B=①（　　）bit　　1MB=②（　　）KB　　1GB=③（　　）MB

3 情報通信ネットワークについて，次の各問いに答えなさい。　▶▶ **3**

□(1) 次のURLの下線部①〜⑧はそれぞれ何を表すか，下の㋐〜㋘から選びなさい。

①http://②www.③xxxxxxxx.④co.⑤jp/⑥xxxxxxxx-xxx/⑦index.⑧html

①（　）②（　）③（　）④（　）
⑤（　）⑥（　）⑦（　）⑧（　）
㋐組織名　㋑国名　㋒プロトコル（通信形式）　㋓組織の種類
㋔ファイル名　㋕フォルダ名　㋖サーバ名　㋗拡張子

□(2) 上のURLの②〜⑤のまとまりで表されるものを何というか。（　　　　）

|ミスに注意| **2**(4) 情報は2進数で表されるので，2の累乗倍になる。
|ヒント| **3**(1) ファイルを格納する入れ物をフォルダという。

2 情報の安全な利用とセキュリティ

( )にあてはまる語句を答えよう。

1 情報モラル　▶▶①

□(1) 情報通信ネットワークや情報通信は，①（　　　　　）されて詐欺などの犯罪に使われたり，他人に迷惑をかけることになったりもするため，適切に利用しなければならない。

□(2) 情報社会において，適切・適正に活動するための基となる考え方や態度のことを②（　　　　　）という。

□(3) インターネットで③（　　　　　）することで，さまざまな情報を簡単に入手することができるが，それらの情報は正しいとは限らない。情報の正確性や④（　　　　　）を確認する必要がある。また，適切，安全でない情報もあるため，セキュリティ対策も重要である。

□(4) 写真や動画をインターネットで公開するときには，画像に写っているものやデータに埋め込まれた情報から，他人に干渉されたくない⑤（　　　　　）情報が漏えいすることがある。

□(5) 根拠のないうわさによる被害を⑥（　　　　　），特定の民族や国籍の人に対する差別的言動を⑦（　　　　　）という。こうした情報の発信や⑧（　　　　　）をしてはならない。

2 知的財産権　▶▶②

□(1) 人間の創造的な活動や発明から生みだされた成果を①（　　　　　）といい，これを保護するための権利を①（　　　　　）権という。著作物に関わる②（　　　　　）権と，発明などに関わる③（　　　　　）権がある。②（　　　　　）権には，著作物を他人に無断で利用されないための権利である②（　　　　　）財産権と，著作者人格権がある。

□(2) デジタル化された情報は，④（　　　　　）しても品質が劣化せず，加工が容易である。他人の著作物を利用するときには②（　　　　　）権を侵害せず尊重し，②（　　　　　）権法に従う。

3 情報セキュリティ　▶▶③

□(1) サイバー空間で情報通信ネットワークを安全・安心に利用するための技術や対策のことを①（　　　　　）といい，実現のためには，②（　　　　　），完全性，可用性の3つの要素が必要である。

□(2) セキュリティ対策ソフトウェアは，機器が③（　　　　　）などに感染するのを防ぐ。④（　　　　　）は，外部との通信を制限したり通過させたりして，内部のネットワークを保護する。⑤（　　　　　）とは，テキストのキーワードやURLの情報などを識別し，問題のあるメールやWebページ，プログラムなどを制限することである。

> **要点** 情報の特性や社会に与える影響を理解し，安全に利用するための情報モラルを身に付ける。情報セキュリティについて理解し，必要な判断や対応をする必要がある。

2 情報の安全な利用とセキュリティ

❶ 情報モラルについて，次の問いに答えなさい。 ▶▶ **1**

☐ 次の①〜④の場合に特に気を付けることを，下の㋐〜㋓からそれぞれ選びなさい。

①インターネットを利用して調べものをする。 （　　　　）

②自分たちで撮影した写真をインターネットで公開する。 （　　　　）

③利用した店の感想を発信する。 （　　　　）

④インターネットで公開されている音楽をダウンロードする。 （　　　　）

㋐風評被害　　㋑プライバシー情報の漏えい　　㋒著作権　　㋓信ぴょう性・正確性

❷ 知的財産権について，次の各問いに答えなさい。 ▶▶ **2**

☐(1) 著作権について正しいものを，次の①〜⑤から3つ選びなさい。（　　　　）

①著作権はプロの著作物についての権利なので，中学生の作文に著作権は発生しない。

②自分の意見や主張を補強するために，他人の著作物を利用することを引用という。条件
を満たせば，著作権者に無断で引用することができる。

③コンピュータのプログラムも著作物である。

④地図や論文に掲載されている図などは著作物ではない。

⑤著作者人格権とは，著作者が著作物の公表や公表時の著作者名の表記などについて決定
でき，また，著作物を勝手に改変されないための権利である。

☐(2) 産業財産権には，次の①〜④の権利がある。それぞれにあてはまるものを，権利の内容㋐
〜㋓，およびスマートフォンで保護されている権利の具体例㋔〜㋗から選びなさい。

①特許権（　　，　　）　　　②実用新案権（　　，　　）

③意匠権（　　，　　）　　　④商標権（　　，　　）

㋐物品の構造・形状の考案を保護する。　　㋑新しい発明を保護する。

㋒商品やサービスに使用するマークを保護する。　　㋓物品のデザインを保護する。

㋔形や模様　　㋕包装に表示するマーク　　㋖液晶画面　　㋗ボタンの配置

❸ 情報セキュリティについて，次の問いに答えなさい。 ▶▶ **3**

☐ 次の①〜③は，情報セキュリティの3要素である。それぞれにあてはまるものを下の㋐〜㋕
から2つずつ選びなさい。

①機密性（　　　　）　　②完全性（　　　　）　　③可用性（　　　　）

㋐アクセスできる権利を設定する。　　㋑機器の停止や通信障害を防ぐ。

㋒改ざんやミスの発生を防止する。　　㋓データのバックアップをとる。

㋔データを暗号化して送る。　　㋕データの改変を記録する。

ミスに注意　❶ 不正確であいまいな情報による経済的・社会的被害を風評被害という。

（　）にあてはまる語句や記号を答えよう。

1 コンピュータの使い方　▶▶❶

□(1)　①～③のコンピュータのタイプ。

① (　　　　　　　　　) 型　② (　　　　　　　　　) 型　③ (　　　　　　　　　) 型

□(2)　コンピュータの電源スイッチを入れて ④ (　　　　　　　) した後, ユーザIDと ⑤ (　　　　　　　)
を入力して使える状態にすることを, ⑥ (　　　　　　　) (サインイン) という。

□(3)　ソフトウェアを起動するには, メニューから選択する, ⑦ (　　　　　　　) 上やフォルダ内
にある ⑧ (　　　　　　　) を選択する, などの方法がある。ソフトウェアを終了するには, メ
ニューから ⑨ (　　　　　　　) を選択する, ウィンドウの ⑩ (　　　　　　　) のボタンを選択する, な
どの方法がある。

□(4)　コンピュータを終了するには, 作業した内容を ⑪ (　　　　　　　) し, ソフトウェアを終了した
後, メニューから ⑨ (　　　　　　　) を選択する。

2 キーボードの操作　▶▶❷

□　キーの名称と役割

① (　　　　　　　) キー：実行中の作業やコマンドを取り消す。

② (　　　　　　　) キー：押しながら英字キーを押すと大文字または小文字に切り替えられる。

③ (　　　　　　　) キー：空白の入力, かな・漢字の切り替えなどを行う。

④ (　　　　　　　) キー：ひらがなやカタカナを漢字に変換する。

⑤ (　　　　　　　) キー：カーソル直前の文字を削除する。

⑥ (　　　　　　　) キー：カーソル直後の文字を削除する。

⑦ (　　　　　　　) キー：決定や文章の改行をするときなどに使用する。

⑧ (　　　　　　　) キー：各ソフトウェアに割り当てられた独自の機能を使用する。

⑨ (　　　　　　　) キー：カーソルの位置を移動させる。

⑩ (　　　　　　　) キー：数字を入力する。

要点　コンピュータの部分や操作に関する名称, 手順を正しく覚えよう。キーボード
にはいろいろな役割のキーがある。名称と役割を整理しよう。

3 コンピュータの基本操作①

① コンピュータの使い方について，次の各問いに答えなさい。　　　▶▶**1**

□(1)　タブレット型コンピュータの①〜④の操作の名称を下の㋐〜㋗から選びなさい。

①（　　　　　）　　②（　　　　　）　　③（　　　　　）　　④（　　　　　）

㋐クリック　　㋑スワイプ（ドラッグ）　　㋒ピンチイン　　㋓スクロール　　㋔タップ
㋕ログオン　　㋖ピンチアウト　　㋗サインアウト

□(2)　タブレット型コンピュータの操作について，次の文の①〜③に適切な語句を書きなさい。
起動，終了するには，①（　　　　　　　）ボタンを押す。終了してもコンピュータの電源は落ちず，②（　　　　　　　）の状態になっている。ソフトウェアを起動するには，アイコンを③（　　　　　　　）する。終了するときは，①（　　　　　　　）ボタンをすばやく2回押すなどして，画面を消す。

② キーボードの操作について，次の問いに答えなさい。　　　▶▶**2**

□　次の①〜⑤の操作をするとき，下のキーボードの図の㋐〜㋚のどのキーを使うか答えなさい。

①カーソルの直後の文字を消す。　　　　　　　　　　　　　　（　　　）
②入力する文字が挿入か上書きかを切り替える。　　　　　　　（　　　）
③実行中の作業やコマンドを取り消すときなどに使う。　　　　（　　　）
④空白の入力や文字変換などに使う。　　　　　　　　　　　　（　　　）
⑤押しながら英字キーを押すと大文字または小文字で入力できるようになる。（　　　）

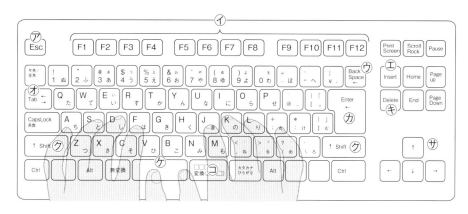

3 コンピュータの基本操作②

（ ）にあてはまる語句を答えよう。

1 コンピュータの使い方　

□(1) ①～⑤のマウスの操作の名前。

①（　　　　）　②（　　　　）　③（　　　　）　④（　　　　）　⑤（　　　　）

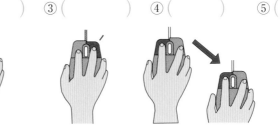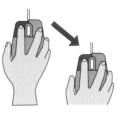

①左ボタンを1回だけ押す。　②左ボタンを2回連続で押す。　③右ボタンを1回だけ押す。
④左ボタンを押したままマウスを移動させる。　⑤中央のホイール(回転)ボタンを回す。

□(2) コンピュータでは，データをファイルや ⑥（　　　　）で管理する。ファイルや ⑥（　　　　）
の名前に数字で ⑦（　　　　）や順番を入れたり，共通の言葉を入れたりして分かりやすく
し，仲間分けして ⑥（　　　　）に入れたりして，上手に管理する。

2 いろいろなソフトウェア　

□(1) 文字や画像，図形などを組み合わせて文書を作成するソフトウェアを ①（　　　　）ソフ
トウェアという。

□(2) ①（　　　　）ソフトウェアでは，「②（　　　　）の入力」→「③（　　　　）の変更」
「図・写真，④（　　　　）の挿入」→「印刷」の手順で文書を作成すると効率的である。

□(3) 表を作成し，データを集計したり，グラフを作成したりするためのソフトウェアを，
⑤（　　　　）ソフトウェアという。

□(4) ⑤（　　　　）ソフトウェアでは，⑥（　　　　）を利用して数式を入力し，計算結果を表示
させることができる。

□(5) 調べたことや体験したことをまとめて発表するときの資料となるスライドを作成するには，
⑦（　　　　）ソフトウェアを使うとよい。

□(6) ⑦（　　　　）ソフトウェアで資料を作るときには，スライドを作成し，デザインや
③（　　　　）を変更した後，画面切り替え効果や ⑧（　　　　）などの効果を付ける。

□(7) ソフトウェアの画面の上部の，よく使うコマンドのボタンが表示される帯状(棒状)の部分
を ⑨（　　　　），⑨（　　　　）の下に表示され，タブをクリックすると必要な機能
やコマンドが表示される部分を ⑩（　　　　）という。

> **要点**　コンピュータの部分や操作に関する名称，手順を正しく覚えよう。いろいろな
> 種類のソフトウェアがあるので，目的に応じて適切なものを使えるようにしよう。

3 コンピュータの基本操作②

① コンピュータの使い方について，次の各問いに答えなさい。　▶▶ **1**

□(1) 次の①〜⑤のマウスの操作はどのようなときに使うか，下の⑦〜㋪から選びなさい。

①クリック（　　　）　　②ダブルクリック（　　　）　　③右クリック（　　　）

④ドラッグ（　　　）　　⑤スクロール　（　　　）

⑦メニューなどを選択する。　　㋑メニュー，サブメニューなどを表示する。

㋒ウィンドウの画面の表示位置などを上下させる。

㋓アイコンやウィンドウを移動させる。　　㋔ソフトウェアを起動する。

□(2) 次の①〜⑥のポインタの意味を下の⑦〜㋔から選びなさい。
同じものを2回選ぶこともある。

①（　　　）　②（　　　）　③（　　　）　④（　　　）　⑤（　　　）　⑥（　　　）

⑦処理中　　㋑セル選択　　㋒普通　　㋓文字選択　　㋔領域選択

□(3) 記述 コンピュータでは，データをファイルやフォルダで管理する。上手に管理するために
どのように工夫するとよいかを2つ書きなさい。

（　　　　　　　　　　　　　　　　　　　　　　　　　　　　　　　）

（　　　　　　　　　　　　　　　　　　　　　　　　　　　　　　　）

② ソフトウェアについて，次の各問いに答えなさい。　▶▶ **2**

□(1) 次の①〜⑤は，ある文書処理ソフトウェアや表計算ソフトウェアで，メニューバーの
「ホーム」タブを選ぶとリボンに表示されるマークである。それぞれ何をするためのマー
クか答えなさい。

①亜　②B　③≡≡≡　④A　⑤MS ゴシック ∨ 10.5 ∨

①（　　　　　　　　　　　　　）　②（　　　　　　　　　　　　　）

③（　　　　　　　　　　　　　）　④（　　　　　　　　　　　　　）

⑤（　　　　　　　　　　　　　）

□(2) 次の①〜③は，表計算ソフトウェアの主な関数である。何のための関数か，下の⑦〜㋓か
ら選びなさい。

①SUM（　　　）　　②PRODUCT（　　　）　　③AVERAGE（　　　）

⑦平均値を求める　　㋑積を求める　　㋒最大値を求める　　㋓数値を合計する

□(3) 表計算ソフトウェアで，①横の位置，②縦の位置を示す番号をそれぞれ何というか。また，
③左から5番目，上から7番目のセルはどのように表されるか。

①（　　　　　　　）　②（　　　　　　　）　③（　　　　　　　）

4 情報の技術の工夫／プログラミング

（　）にあてはまる語句を答えよう。

1 情報の技術の工夫　▶▶❶

□(1) 情報の①（　　　　）化や②（　　　　）の自動化，③（　　　　）化などに関する技術は，情報をよりよく④（　　　　）するために発展してきた。

□(2) 情報の技術を開発するためには，処理の方法や手順などを⑤（　　　　）し，コンピュータに⑥（　　　　）させる必要がある。このような処理の方法や手順をコンピュータに対する⑦（　　　　）の形で記述したものを⑧（　　　　）という。⑧（　　　　）には，開発者が⑨（　　　　）をするために考えたり，工夫したりしたアイディアが表現されている。

2 情報処理の手順の表現　▶▶❷

□(1) プログラムには，コンピュータが認識できる①（　　　　　　　　）を用いる。①（　　　　）には②（　　　　）を入力するもの，③（　　　　）型の命令をつなげるものなどがある。

□(2) 右のような図を，④（　　　　　）という。複数の情報処理の手順を⑤（　　　　）して，全体の⑥（　　　　）などを確認できる。

□(3) 情報処理の手順を具体的に示すための流れ図を⑦（　　　　）という。

□(4) ⑦（　　　　）の表現の種類

⑧（　　　　）処理　　⑨（　　　　）処理　　　　　　　　　⑩（　　　　）処理

A
```
始め
仕事1
仕事2
終了
```

B
```
始め
仕事1
判断 ── 仕事3
仕事2
終了
```

C
```
始め
繰り返し3回
仕事1
仕事2
繰り返し終了
終了
```

・Aは，1つ1つを⑪（　　　　）に処理する手順である。

・Bは，⑫（　　　　）によって処理を⑬（　　　　）する手順である。

・Cは，回数や⑫（　　　　）を満たすまで繰り返す手順である。

要点 処理の方法や手順をコンピュータに対する命令の形で記述したものをプログラムという。アクティビティ図やフローチャートなどの処理の手順の表現法を理解しよう。

4 情報の技術の工夫／プログラミング

① 情報の技術の工夫について，次の各問いに答えなさい。 ▶▶ **1**

□ 翻訳ができるWebページでは，閲覧者が調べたい語句や文章を入力すると翻訳が表示される，双方向のシステムである。近年は，インターネット上の膨大な量の対訳データを利用して，より自然な訳文が作られるようになっているが，その際に使われる仕組みを何というか答えなさい。

（　　　　　　　　　　　）

② 情報処理の手順の表現について，次の各問いに答えなさい。 ▶▶ **2**

□(1) プログラム中に，中に入る数値などを変えるだけで，最終的な働きが変えられる箱のような部分を作っておくことができる。例えば信号機では，「赤信号60秒間点灯」「青信号0.5秒間点灯」のように，色や時間などを変えることができる。この箱のようなものを何というか，次の⑦〜⑨から選びなさい。

（　　　　　　　　　　　）

⑦自動化　　　⑦配列　　　⑨変数

□(2) 次の①〜③にあてはまる図を，右のA〜Cから選びなさい。

①1つ1つ順番に処理する。

（　　　　　　　　）

②条件によって処理を選択する。

（　　　　　　　　）

③1つの処理を回数や条件を満たすまで繰り返す。　（　　　　　　　　）

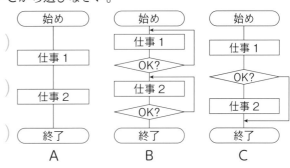

□(3) 作図 下の図は順次処理による表現である。これを反復処理によって表しなさい。

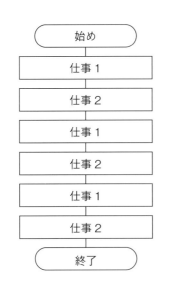

1 双方向性のコンテンツの構想・制作

（　）にあてはまる語句を答えよう。

1 双方向性のあるコンテンツとは

- □(1) コンテンツとは，①（　　　　　　）という意味で，一般的にはコンピュータに②（　　　　　）された文字や画像，音声などを組み合わせた，人間にとって意味のある情報のことを指す。

- □(2) 双方向性とは情報の流れが一方通行ではなく，使用者の③（　　　　　　）に応じて応答（出力）をする機能を指す。ネットワークを利用した双方向性の実現には④（　　　　　　）が必要である。WebページやSNSなどのコンテンツには双方向性がある。

- □(3) コンテンツには，⑤（　　　　　　）やイラスト（静止画），音声，動画など，情報を表現するさまざまな手段が利用される。このような表現手段を⑥（　　　　　　）という。⑥（　　　　　　）は記憶媒体を指すこともある。

2 コンテンツの構想・プログラムの制作

- □(1) コンテンツを設計するときには，情報の①（　　　　　　）を意識して設計することが大切である。

- □(2) コンテンツを構想するときには，自分が設定した②（　　　　　）を解決するためにコンテンツに必要な③（　　　　　）を書きだす。④（　　　　　）を整理して，コンテンツや実現したい③（　　　　　）のプログラムをまとめる。

- □(3) コンテンツを作るときには，作りたいコンテンツのイメージを絵コンテという下書きのようなものにして具体化していく。このとき，文字や静止画，音声，動画などの⑤（　　　　　　）の組み合わせなども考える。

- □(4) コンテンツの構想・設計の流れ
  1. 構想の⑥（　　　　　）
  2. 情報処理の⑦（　　　　　）の整理
     →⑧（　　　　　　）図を利用する。
  3. 必要な③（　　　　　）の整理

> 目的に合うようにどんな手順を組み合わせると最適かを考えよう。

- □(5) プログラムを作成するときには，個別の③（　　　　　）を実現する小さい⑨（　　　　　）のプログラムを作って組み合わせると，全体を⑩（　　　　　　）に作ることができる。

- □(6) プログラム中の誤りを⑪（　　　　　）という。プログラムを作成したら実行し，目的の動作ができているか確認し，できていなければ原因を考える。⑪（　　　　　）があれば修正する。⑪（　　　　　）を修正することを，⑫（　　　　　　）という。

> **要点**　双方向性のあるコンテンツの基本的な仕組み，コンテンツに利用されるメディアの特徴を理解しよう。コンテンツの構想・設計の流れを整理しよう。

1　双方向性のコンテンツの構想・制作

❶ コンテンツに利用されているメディアの特徴について，次の問いに答えなさい。 ▶▶ **1**

□　次の①～④は，コンテンツに利用されているメディアである。それぞれのプラス面を下の⑦
　　～㋐から，マイナス面を㋔～㋙からすべて選びなさい。同じものを2回選ぶこともある。

①文字（　　　　　　　）　　　②音声（　　　　　　　）

③静止画（　　　　　　　）　　　④動画（　　　　　　　）

▼プラス面

⑦伝えたい情報に動きを持たせ，変化を強調することができる。

㋑デジタルカメラなどを利用して簡単に作成することができる。

㋒容易に作成し，修正できる。　　㋓視覚に障がいがある人にも内容を伝えられる。

㋔データ量が少ない。

▼マイナス面

㋕データ量がやや多い。　　㋖時間をかけて聞く必要がある。

㋗データ量が多い。　　㋘多くの情報を伝えにくい。　　㋙データを修正しにくい。

❷ コンテンツの構想，問題解決の評価について，次の各問いに答えなさい。 ▶▶ **2**

□(1)　作図 学校内チャットシステムを構想した。メッセージを入力するとメッセージが送られ，
　　　　メッセージを受け取ると受け取ったメッセージを読むことを表現するアクティビティ
　　　　図となるよう，次の図に語句を書きなさい。

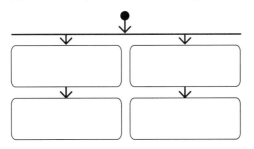

全体の構想がわかるのが
アクティビティ図だったね。

□(2)　制作したコンテンツは，すべての人にとってわかりやすく，見やすく，使いやすいことが
　　　望ましい。年齢や性別，国籍，文化，障がいの有無などの人それぞれの状況にかかわらず，
　　　誰もが使いやすいように製品や施設，環境などをデザインすることや，そのデザインのこ
　　　とを何というか。　　　　　　　　　　　　　　　　　　　　　　（　　　　　　　　　　）

□(3)　記述 コンテンツの評価について，①見やすさ，②効率，③権利の尊重の面からは，それぞ
　　　れどのような評価の観点が考えられるか，1つずつ書きなさい。

①（　　　　　　　　　　　　　　　　　　　　　　　　　　　　　　　　）

②（　　　　　　　　　　　　　　　　　　　　　　　　　　　　　　　　）

③（　　　　　　　　　　　　　　　　　　　　　　　　　　　　　　　　）

( )にあてはまる語句を答えよう。

1 計測・制御システムとは

□(1) 人が操作しなくても自動で反応して処理する装置や機器の多くには，計測・制御システム
が組み込まれている。計測・制御システムでは，①( )が周囲の状態を計測し，プ
ログラムによってコンピュータが仕事を行う部分の動作を制御する。

□(2) コンピュータによる計測・制御の情報の流れ。

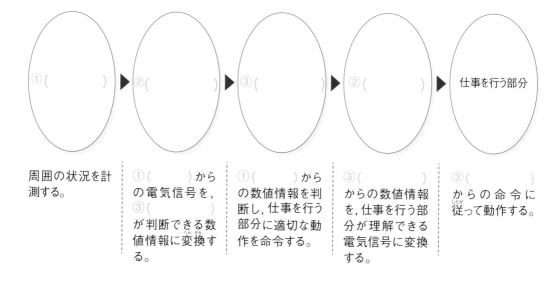

①( )

②( )

③( )

②( )

仕事を行う部分

周囲の状況を計測する。

①( )から
の電気信号を，
③( )
が判断できる数
値情報に変換す
る。

①( )から
の数値情報を判
断し，仕事を行う
部分に適切な動
作を命令する。

③( )
からの数値情報
を，仕事を行う部
分が理解できる
電気信号に変換
する。

③( )
からの命令に
従って動作する。

④( )信号	⑤( )信号	④( )信号

□(3) 仕事を行う部分には，モータなどの⑥( )やヒータなどがある。

2 センサとインタフェース

□(1) ①( )は，②( )・③( )・圧力・音など周辺の情報を計測し，
電気信号に変換している。

□(2) ①( )からの電気信号は④( )信号なので，コンピュータに認識させる
ためには⑤( )情報に変換する必要があり，コンピュータからの命令を仕事を行
う部分に伝えるには⑤( )情報を④( )信号に変換する必要がある。そ
れを行うのが⑥( )である。

要点 コンピュータによる計測・制御システムの基本的な構成や，計測・制御システ
ムにおけるプログラムの役割，情報の流れについて理解しよう。

1 計測・制御システムとは

❶ 次の文は，エネルギー変換の技術と計測・制御システムについて述べている。　▶▶ 1 2

□　次の文の①～⑦に適する語句を下の⑦～㉙から選びなさい。

　エネルギー変換の技術を利用した自動点灯LEDライトには，①(　　　　　)が②(　　　　　)に組み込まれていて，③(　　　　　)によってLEDが点灯するようになっている。

　計測・制御システムによるライトでは，④(　　　　　)によって明るさを⑤(　　　　　)で計測することができる。計測した⑤(　　　　　)によってどのように制御するかを⑥(　　　　　)で指示することができる。また，センサを複数，組み合わせることができ，⑦(　　　　　)に何度も細かな制御をさせることもできる。

　⑦インタフェース　　⑦アクチュエータ　　⑦数値　　⑤温度センサ
　⑦人感センサモジュール　　⑦人が近づくこと　　⑦仕事を行う部分
　⑦プログラム　　⑦光センサ　　㋙回路　　㉙圧力センサ

❷ センサとインターフェースについて，次の各問いに答えなさい。　▶▶ 1 2

□(1)　次の⑦～㋘をコンピュータによる計測・制御の情報の流れに従って並べ替えなさい。同じものを2回選ぶこともある。
　　⑦コンピュータ　　⑦センサ　　⑦インタフェース　　㋘仕事を行う部分
　　　　　　　　(　　　　→　　　　→　　　　→　　　　)

□(2)　次の①～④にあてはまるものを，(1)の⑦～㋘からそれぞれ選びなさい。
　　①コンピュータからの命令に従って動作する。　　　　　　　　　　　(　　　)
　　②センサからのデジタル情報を判断し，仕事をする部分に適切な動作を命令する。
　　　　　　　　　　　　　　　　　　　　　　　　　　　　　　　　　　(　　　)
　　③周囲の情報を計測する。　　　　　　　　　　　　　　　　　　　　(　　　)
　　④アナログ信号をデジタル信号に，デジタル信号をアナログ信号に変換する。(　　　)

□(3)　次の①～④に関係の深いセンサを下の⑦～㋘から選びなさい。
　　①自動運転技術　　　　　　　　　　　　　　　　　　　　　　　　　(　　　)
　　②エアコン　　　　　　　　　　　　　　　　　　　　　　　　　　　(　　　)
　　③自動ドア　　　　　　　　　　　　　　　　　　　　　　　　　　　(　　　)
　　④スマートフォンのタッチパネル　　　　　　　　　　　　　　　　　(　　　)
　　⑦温度センサ　　⑦光センサ　　⑦カメラセンサ　　㋘静電容量センサ

ヒント　❷ (1)(2)コンピュータと，センサや仕事を行う部分との間で情報をつなぐ役割をするものをインタフェースといい，インタフェースにはアナログ信号とデジタル信号を互いに変換する働きがある。

（ ）にあてはまる語句を答えよう。

1 計測・制御システムの構想　▶▶①

□(1) 身の回りの計測・制御システムは，① （　　　　　　　　）や仕事を行う部分を組み合わせ，自動化，システム化を実現することで② （　　　　　　　　）が行われ，③ （　　　　　　　　）をしている。

□(2) 計測・制御システムを構想するときは，④ （　　　　　　　　）からの要求，使用時の⑤ （　　　　　　　　），情報の倫理や⑥ （　　　　　　　　），経済性などに着目し，⑦ （　　　　　　　　）の中で必要な① （　　　　　　　　）や仕事を行う部分などを選択する。

□(3) 計測・制御システムの構想の流れ

1. ① （　　　　　　　　）と⑧ （　　　　　　　　）の選択

2. 計測・制御システムの構成の整理

3. ⑨ （　　　　　　　　）の手順の整理

2 計測・制御システムのプログラムの制作　▶▶①

□(1) プログラムを制作するときには，① （　　　　　　　　）からの情報と② （　　　　　　　　）を関連づけて課題解決するために，それぞれの処理のプログラムを部品のように個別で作る。それらを組み合わせることで，全体の③ （　　　　　　　　）を効率的に実現することができる。

□(2) 作成したプログラムは実行し，動作を確かめる。想定外の動作をする場合は理由を考え，プログラムや④ （　　　　　　　　）などを修正する。

3 問題解決の評価，改善・修正　▶▶②

□(1) 設定した① （　　　　　　　　）が② （　　　　　　　　）できたかを評価する。その際，計測・制御システムがどのような③ （　　　　　　　　）を計測して制御したかを確認することが大切である。

□(2) 評価の観点の例

・安全：④ （　　　　　　　　）などの安全を確保できるか。

　　　　使用するセンサの⑤ （　　　　　　　　）や個数は適切か。

　　　　センサが計測する回数や⑥ （　　　　　　　　）は適切か。

・効率：⑦ （　　　　　　　　）の流れを適切にプログラムで表現できたか。

　　　　プログラムを⑧ （　　　　　　　　）化して協働で作成したか。

　　　　プログラムをより⑨ （　　　　　　　　）化して表現できないか。

要点　入出力されるデータの流れを基に構想する。使用目的・使用条件や制約条件の中で最適なものを選択する。情報処理の手順，評価の観点も整理しておこう。

2 計測・制御のプログラミングの構想・制作

1 計測・制御システムの構想について，次の各問いに答えなさい。　▶▶ **1** **2**

□(1) 次の文の①〜⑤にあてはまる語句を下の⑦〜⑰から選びなさい。

問題を ①（　　　　　　　）するための計測・制御システムは，②（　　　　　　　）されるデータの流れを基に構想する。

必要な ③（　　　　　　　）と計測する情報，④（　　　　　　　）とその仕事について整理し，全体構成のイメージを図で表す。

⑤（　　　　　　　）を使うと ⑥（　　　　　　　）の流れを確認できる。

⑦入出力　　⑦仕事を行う部分　　⑦フローチャート　　⑦情報処理　　⑦解決　　⑦センサ

□(2) 次のような熱中症予防システムを構想した。図の①〜⑧にあてはまるものを下の⑦〜⑦から選びなさい。

・室温30℃以上かつ湿度45％以上になると，黄色いライトが点灯する。

・室温30℃以上かつ湿度65％以上になると，赤いライトが点灯する。

①（　　　　）　②（　　　　）　③（　　　　）

④（　　　　）　⑤（　　　　）　⑥（　　　　）

⑦（　　　　）　⑧（　　　　）

⑦Yes　　⑦No　　⑦黄色いライト点灯

⑦赤いライト点灯　　⑦はじめ

⑦湿度65％以上か？　　⑦室温30℃以上か？

⑦湿度45％以上か？

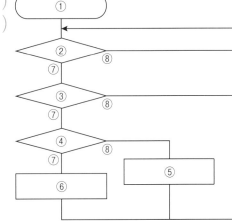

□(3) (2)のシステムに必要なセンサを2つ書きなさい。

（　　　　　　　　　　　　　　　　）（　　　　　　　　　　　　　　　　）

2 問題解決の評価，改善・修正について，次の問いに答えなさい。　▶▶ **3**

□ 記述 コンテンツの評価について，①環境への負荷，②使いやすさ，③正確さ，の面からは，それぞれどのような評価の観点が考えられるか，1つずつ書きなさい。

①（　　　　　　　　　　　　　　　　　　　　　　　　　　　　　　　　　　　）

②（　　　　　　　　　　　　　　　　　　　　　　　　　　　　　　　　　　　）

③（　　　　　　　　　　　　　　　　　　　　　　　　　　　　　　　　　　　）

ヒント **1** センサからの情報と仕事を行う部分を関連付けて，1つ1つの処理のプログラムを作り，それらを組み合わせる。

1　情報の技術の最適化
2　これからの情報の技術

（　）にあてはまる語句を答えよう。

1 情報の技術の最適化　▶▶❶

☐　情報の技術が発展することにより，多くの産業が支えられ，社会は大きく変化してきた。これらの技術の実現にあたっては，①（　　　　　）からの要求，使用時の②（　　　　　），情報の倫理や③（　　　　　），経済性などの折り合いをつけながら，④（　　　　　）が図られてきた。

2 情報の技術の光と影　▶▶❶

☐(1)　情報の処理の自動化や①（　　　　　）が進むにつれて，情報の技術がこれからの生活や社会を大きく変えていくと考えられる。

☐(2)　自動車の自動運転技術の研究開発が進むと，より②（　　　　　）に，快適に自動車を利用できるようになると期待される。一方で，想定外の③（　　　　　）やコンピュータが④（　　　　　）される可能性など，新たな課題も多い。
⑤（　　　　　）時，利用時，⑥（　　　　　）時，障害が発生したときなどを想定し，安全性，社会や産業に与える影響，⑦（　　　　　）への負荷などと折り合いをつけながら開発が進められている。

3 これからの情報の技術　▶▶❷

☐(1)　より良い生活や①（　　　　　）可能な社会を構築するためには，情報の技術を適切に②（　　　　　）し，選択や管理・運用の方法，改良したり応用したりする方法を発想する必要がある。新しい情報の技術の優れた点や③（　　　　　）を整理し，より良くするための方法を考えることが大切である。

☐(2)　IoTは，英語で表記すると④（　　　　　）で，いろいろな物を⑤（　　　　　）につないで制御する仕組みのことである。

☐(3)　IoTですべての人と物がつながり，さまざまな知識や⑥（　　　　　）が共有され，今までにない⑦（　　　　　）を生みだすことで，経済発展と社会的⑧（　　　　　）の解決を両立する，⑨（　　　　　）の新しい社会を⑩（　　　　　）という。

☐(4)　⑪（　　　　　）(AI)，英語で表記すると⑫（　　　　　）で，人間の脳が行っている⑬（　　　　　）な作業をコンピュータなどで行えるようにしたシステムのことである。

> **要点**　情報の技術には，光も影もある。持続可能な社会の構築に向けて，現在の技術を多様な視点で見極め，新しい技術の開発を進めていくことが重要である。

1　情報の技術の最適化
2　これからの情報の技術

❶ 情報の技術の最適化について，次の各問いに答えなさい。　▶▶ **1** **2**

☐(1)　記述 自動運転技術の利点を1つ挙げなさい。

（　　　　　　　　　　　　　　　　　　　　　　　　　　　）

☐(2)　記述 自動運転技術の課題を1つ挙げなさい。

（　　　　　　　　　　　　　　　　　　　　　　　　　　　）

☐(3)　次の表は，自動運転レベルの例である。表の①〜⑨にあてはまるものを下の⑦〜⑦から選びなさい。同じものを2回選ぶこともある。

レベル	概要	レベル	概要
0 運転自動化なし	運転者がすべての運転を実施	3 ⑤（　　　）	システムが⑥（　　　）ですべての自動運転を行う。システムの要請で⑦（　　　）などに運転者が操作する。
1 ①（　　　）	システムが②（　　　）いずれかの車両制御を行う。	4 ⑧（　　　）	システムが⑨（　　　）ですべての自動運転を行う。
2 ③（　　　）	システムが④（　　　）を同時に車両制御を行う。	5 完全運転自動化	システムがすべての運転を行う。

⑦運転支援　　⑦条件付き運転自動化　　⑦高度運転自動化　　⑦部分運転自動化
⑦限定的な条件　　⑦緊急時　　⑦走行時　　⑦加速・操舵・制動　　⑦駐停車・追い越し

❷ これからの情報の技術について，次の各問いに答えなさい。　▶▶ **3**

☐(1)　次の文の①〜⑦にあてはまる語句を書きなさい。

①（　　　　　　）(AI)が活用されている仕組みの1つに②（　　　　　　）システムがある。これは，画像の中からAIが顔と思われる部分を切り出し，データベースに登録されている顔の特徴と照合することで個人を識別し，③（　　　　　　）するシステムである。

自然災害の被害を最小限にするための，情報の技術を活用した④（　　　　　　）の技術も研究されている。地域⑤（　　　　　　）システム，ドローンや各拠点に設置したセンサなどにより⑥（　　　　　　）・蓄積されたデータは，スーパーコンピュータなどで処理され，数値予測⑦（　　　　　　）などが行われる。

☐(2)　インターネットや物に付けたセンサなどから得られる，さまざまな種類の膨大なデータを何というか。

（　　　　　　　　　　　　　　　　　　　　　　　　　　　）

☐(3)　コンピュータ自らが大量のデータから特徴を抽出し，それに基づいて自ら学習を繰り返す技術を何というか。

（　　　　　　　　　　　　　　　　　　　　　　　　　　　）

ヒント **❷** Society5.0では，センサなどの情報を基に人工知能が必要な情報を自動で判断し，提供することも考えられている。

情報の技術

❶ コンピュータの機能と装置について，次の各問いに答えなさい。 技　43点

- □(1) コンピュータの機能に関連し，①入力機能，②出力機能を持つ装置を，それぞれ3つずつ答えなさい。

- □(2) コンピュータの機能のうち，演算機能と制御機能を持つ装置の名前を，アルファベット3文字と日本語で答えなさい。

- □(3) 次の①～⑦のキーボードのキーの名称を書きなさい。

  ① Esc　② Enter　③ Shift　④ [　　　]　⑤ Back space
  ⑥ Delete　⑦ ← ↑ ↓ →

- □(4) 漢字で「技術」と入力したい。「ぎじゅつ」と入力した後に使うキーを，(3)の①～⑦から使用順に2つ選びなさい。

- □(5) 「技術科」と入力したが，「技術」に修正したい。カーソルが「技術」と「科」の間にあるとき，どのキーを一度押せばよいか，(3)の①～⑦から選びなさい。

❷ コンピュータで扱われる情報について，次の各問いに答えなさい。 21点

- □(1) コンピュータの中では情報はすべて0と1を組み合わせたものに置き換えられている。このような情報を何というか答えなさい。

- □(2) 2 bit，8 bitでは，それぞれ何通りの情報を表現できるか答えなさい。

- □(3) 次の①～⑥を，データ量の小さな順に並べ替えなさい。

  ① 1 KB　② 1 bit　③ 1 TB　④ 1 B　⑤ 1 GB　⑥ 1 MB

- □(4) 次の①～④の文のうち，正しいものを2つ選びなさい。

  ① 1キロバイトは1000バイトである。
  ② 画像は点の集まりで表現される。この点のことを画素という。
  ③ 解像度は1インチあたりの画素数で表され，単位はdpiである。
  ④ 情報をやりとりするためのサービスを提供する役割のコンピュータをルータという。

❸ 情報の利用とセキュリティについて，次の各問いに答えなさい。 思　20点

- □(1) 人間の創造的な活動や発明から生み出された成果に対して認められている権利を何というか答えなさい。

- □(2) (1)のうち，著作物に関わるものを何というか答えなさい。

□(3) 次の①～⑤の文が正しければ○を，誤っていれば×を書きなさい。

①美術館で絵画の写真を撮り，SNSで発信した。

②友人に有料のソフトウェアをコピーしてあげた。

③パスワードは忘れてはいけないので，誕生日などにするとよい。

④知らない人からの電子メールがたびたびくるときには，送らないように連絡する。

⑤インストールしておいたコンピュータのセキュリティ対策ソフトウェアの会社からソフトウェア更新の案内が届いたが，更新の必要はないので無視した。

❹ 情報の技術について，次の各問いに答えなさい。 技   16点

□(1) 次の①～④を，計測・制御システムの情報の流れに従って解答欄に合うよう並べ替えなさい。同じものを2回選ぶこともある。

①インタフェース　　②仕事を行う部分　　③センサ　　④コンピュータ

□(2) デジタルデータのみを扱っているのは，(1)の①～④のうちどれか答えなさい。

□(3) 1つの情報処理の手順を表現する図を何というか答えなさい。

□(4) 人間の脳が行う知的な作業をコンピュータなどで行えるようにしたものを何というか，日本語で答えなさい。

技術4編

定期テスト
予報　コンピュータの機能と装置との関連，具体的な操作のほか，セキュリティや情報モラル，著作権も重要です。プログラムの図を描けるようにしましょう。

1 食事の役割と栄養

（　）にあてはまる語句を答えよう。

1 食事の役割と食生活　▶▶①

□(1) 食事は①（　　　　　　）を作り，活動の②（　　　　　　　　）になる。規則正しい食事は，生活の③（　　　　　　　　）を作る。食事をすることは，楽しみとなる。

□(2) 家族や友達などといっしょに食事をしたりすることで，人との触れ合いの場となる。また，地域や家庭で受け継がれてきた郷土料理など，④（　　　　　　　　）の伝承につながる。

□(3) 朝食を食べると，睡眠中に低下した⑤（　　　　　　）が上昇する。午前中の活動に必要な②（　　　　　　）が補充される。休んでいた体が活動する状態に切り替えられる。朝食を抜くと，活動力や⑥（　　　　　）が低下して，午前中の学習や運動に影響がでる。

□(4) 健康を支える3本柱は，栄養的に⑦（　　　　　　）の良い食事，適度な⑧（　　　　　　），十分な⑨（　　　　　　）である。

□(5) 日々の食事の仕方を⑩（　　　　　　）という。食事を抜いたり，食べ過ぎたり，好き嫌いをしたり，間食や夜食をとり過ぎたりして⑩（　　　　　）が乱れると，⑪（　　　　　　）になりやすくなる。

□(6) 一人で食事をすることを⑫（　　　　　　）という。一方，家族や友達といっしょに食事をすることを⑬（　　　　　）といい，⑩（　　　　　）や心の健康にも良い影響がある。また，いっしょに食事しても，それぞれが食べたいものを食べることを⑭（　　　　　　）という。

2 栄養素と中学生に必要な栄養の特徴　▶▶②

□(1) 食品には私たちが生きていくうえで必要な①（　　　　　　　　）が含まれている。①（　　　　　　）は主に小腸で消化され，体内に吸収される。

□(2) 五大①（　　　　　）とは，②（　　　　　　　），無機質(ミネラル)，③（　　　　　　　），炭水化物，④（　　　　　　）のことで，体の組織を作るもととなったり，体の⑤（　　　　　　　）を整えたり，⑥（　　　　　　　）源になったりする。①（　　　　　　　）のこのような働きを，⑦（　　　　　　）という。

□(3) 水は①（　　　　　　）ではないが，生命を維持するために欠かせない。①（　　　　　　）の運搬や体内でできた⑧（　　　　　　）の運搬と排出，体温調節などの役割を果たしている。

□(4) 健康の維持・増進や生活習慣病の予防などを目的に，とることが望ましい⑥（　　　　　　）や①（　　　　　　）の量を1日あたりの数値で示したものを⑨（　　　　　　　　）という。中学生は体重や身長が増加する⑩（　　　　　　）にあたり，活発な生活を送っているため，①（　　　　　　）を十分にとる必要がある。

要点 食事の役割にはさまざまなものがあり，健康な食習慣が重要である。五大栄養素の種類と働き，水の働き，中学生に必要な栄養の特徴についても理解しよう。

1 食事の役割と栄養

① **食事と食生活について，次の各問いに答えなさい。** ▶▶ **1**

□(1) 記述 食事の役割を2つ書きなさい。

（　　　　　　　　　　　　　　　　　　　　　　　）

□(2) 国民の健康増進などを目的に策定された，食生活の改善に取り組むための具体的な目標を何というか。　　　　　　　　　　　　　　　　　　　　　（　　　　　　　　　）

□(3) 次の①〜④の文が正しければ○を，誤っていれば×を（　）に書きなさい。

①現在の日本人の食事は，平均的にはバランスがとれている。　　　（　　　）

②朝の体調は人によって違うので，朝食は無理に食べる必要はない。　（　　　）

③毎日の食事の仕方を生活習慣という。　　　　　　　　　　　　　（　　　）

④共食は心の健康に良い影響がある。　　　　　　　　　　　　　　（　　　）

② **栄養素について，次の各問いに答えなさい。** ▶▶ **2**

□(1) 次のA〜Eの栄養素に最も関係の深い働きを下の①〜③から1つ，栄養素を後の㋐〜㋙から2つ選びなさい。

Aたんぱく質　　B無機質(ミネラル)　　Cビタミン　　D炭水化物　　E脂質

（　　　　　　）（　　　　　　　　）（　　　　　　）（　　　　　）（　　　　　　）

① 主にエネルギーになる。　　② 主に体の組織を作る。

③ 主に体の調子を整える。

㋐糖質　　㋑ビタミンA　　㋒鉄　　㋓アミノ酸　　㋔脂肪　　㋕カルシウム

㋖食物繊維　　㋗ビタミンB₁，B₂　　㋘脂肪油　　㋙ペプチド

□(2) 次の①〜⑥にあてはまるものを，(1)の㋐〜㋙から選びなさい。

①主に骨や歯をつくるもとになる。　　　　　　　　　　　　　（　　　　）

②目の働きを助け，粘膜を健康に保つ。　　　　　　　　　　　（　　　　）

③消化管でぶどう糖(グルコース)などに分解されて吸収される。　（　　　　）

④炭水化物や脂質がエネルギーに変わるときに必要である。　　（　　　　）

⑤不足することで貧血が起こりやすくなる。　　　　　　　　　（　　　　）

⑥消化されない。腸の調子を整え便通を良くする。　　　　　　（　　　　）

□(3) エネルギーについて，次の文の①〜③にあてはまる語句や数字を書きなさい。

「kcal」はエネルギーの単位で，読み方は①（　　　　　　　　）である。1kcalのエネルギーで，水②（　　　　　　）kg＝③（　　　　　　）Lの温度を1℃，上げることができる。

□(4) 中学生に相当する12歳〜14歳の男女ともに，30〜49歳の男女よりも多くとることが望ましいとされる栄養素を，(1)の㋐〜㋙から2つ選びなさい。（　　　　　　）（　　　　　　）

ミスに注意 ② (1) 一般に，室温で固体のものを脂肪，液体のものを脂肪油という。

ヒント ② (4) 骨の成長に必要な栄養素と，体の発育や月経などでの貧血を防ぐ栄養素。

2 必要な栄養を満たす食事

( )にあてはまる語句や数字を答えよう。

1 食品に含まれる栄養素と摂取量 ▶▶**①**

□(1) 食品成分表には，食品の可食部 ①( )gあたりのエネルギーや含まれる水分，栄養素の種類や量が示されている。可食部とは，食品の ②( )部分のことである。

□(2) 含まれる栄養素の特徴から食品を下の表のように6つのグループに分けたものを，「6つの ③( )」という。

	食品群	主な成分／栄養素	12～14歳の摂取量の目安
1群	魚・肉・卵・豆・豆製品	④( )	女：300g　男：330g
2群	牛乳・乳製品・小魚・海藻	⑤( )	400g
3群	緑黄色野菜	⑥( )	100g
4群	その他の野菜・果物	⑦( )	400g
5群	穀類・いも類・砂糖	⑧( )	女：420～650g　男：500～700g
6群	油脂	⑨( )	女：20g　男：25g

□(3) 1～6群のうち，主に体の組織を作るのは ⑩( )群，主に体の調子を整えるのは ⑪( )群，主にエネルギーになるのは ⑫( )群である（2つずつ選ぶ）。

□(4) 「③( )別摂取量の目安」は，食事摂取基準を満たすためにはどのような食品をどのくらい食べるとよいかを数値で示している。「食品の ⑬( )」は，これを実際に食べる食品のおおよその量として示したものである。6つの ③( )を組み合わせて1日に必要な ⑬( )をとると，必要な栄養素を ⑭( )良くとることができる。

2 バランスの良い献立作り ▶▶**②**

□(1) 食事作りの計画を ①( )という。主食，汁物（飲み物），②( )，副菜の構成で考えると栄養のバランスが良くなる。

□(2) ①( )を考えるときには，③( )別摂取量の目安や食品の概量を参考にする。また，味付け，調理法，費用や準備にかかる ④( )，食品の ⑤( )なども考えながら工夫する。

□(3) 食事の献立は，②( )→⑥( )→⑦( )→⑧( )の順に立てるとよい。1回の食事で ③( )別摂取量の目安の ⑨( )量をとることができない場合は，1日のうちで補う。

> **要点**　身近な食品に含まれる栄養素の種類や量は，食品成分表で知ることができる。食品群別摂取量の目安や食品の概量を基に，バランスの良い献立を考える。

2　必要な栄養を満たす食事

1 食品に含まれる栄養素と摂取量について，次の各問いに答えなさい。　▶▶ **1**

□(1)　次の各食品群に含まれる食品群を下の①〜⑥から，主な成分や栄養素を後の⑦〜⑨からそれぞれ選びなさい。

1群：(　　　　　　　　)　　2群：(　　　　　　　　)

3群：(　　　　　　　　)　　4群：(　　　　　　　　)

5群：(　　　　　　　　)　　6群：(　　　　　　　　)

①緑黄色野菜　　②穀類・いも類・砂糖　　③牛乳・乳製品・小魚・海藻

④魚・肉・卵・豆・豆製品　　⑤油脂　　⑥その他の野菜・果物

⑦カルシウム　　⑦カロテン(ビタミンA)　　⑦脂質　　⑦ビタミンC　　⑦たんぱく質

⑦炭水化物

□(2)　①緑黄色野菜，②その他の野菜を下の⑦〜⊐から5つずつ選びなさい。

①緑黄色野菜 (　　　　　　　　　　　)　　②その他の野菜 (　　　　　　　　　　　)

⑦ほうれんそう　　⑦レタス　　⑦にんじん　　⊥トマト　　⑦もやし　　⑦キャベツ

⑦れんこん　　⑦ブロッコリー　　⑦セロリ　　⊐かぼちゃ

2 食事の計画について，次の各問いに答えなさい。　▶▶ **2**

□(1)　献立を作る手順について，次の①〜⑫にあてはまる語句を下の⑦〜⊘から選びなさい。

まず，①(　　　　　　)を決める。①(　　　　　　)は6つの食品群のうち②(　　　　　　)の食品を使うことが多い。栄養素では③(　　　　　　)や脂質の供給源となる。

次に，④(　　　　　　)を決める。④(　　　　　　)は6つの食品群のうち⑤(　　　　　　)の食品が中心となる。栄養素では⑥(　　　　　　)の供給源となる。

その後，⑦(　　　　　　)を決める。⑦(　　　　　　)は海藻，⑧(　　　　　)，

⑨(　　　　　)，いもなどを使うことが多い。⑩(　　　　　)，無機質や⑪(　　　　　)

の供給源となる。

最後に⑫(　　　　　　)を決める。

⑦5群　　⑦主菜　　⑦1群　　⊥たんぱく質　　⑦野菜　　⑦炭水化物　　⑦副菜

⑦主食　　⑦きのこ　　⊐食物繊維　　⊘汁物　　⑤ビタミン　　⊗カルシウム

□(2)　次のような，さばのみそ煮，米飯，かきたま汁の献立を考えたが，栄養のバランスを考えると不十分である。加えるのに最もよい副菜は何か，下の⑦〜⑦から選びなさい。　(　　　　　　)

⑦さつまいもの甘煮　　⑦きゅうりとわかめの酢の物

⑦ポテトサラダ　　⊥麻婆豆腐

⑦スクランブルエッグ

ミスに注意 **1** (2) 切ったときに中身まで色がついているものは，緑黄色野菜の場合が多い。

3　食品の特徴と選択

( )にあてはまる語句を答えよう。

1 食品の選択と購入　▶▶①

- □(1) 献立が決まったら，必要な①( )と分量を確認して購入する。
- □(2) 食品を選ぶときには，目的，②( )，③( )，調理の能率，④( )への影響なども考える。
- □(3) 生鮮食品とは，⑤( )，卵，肉，魚などのことを指す。生鮮食品にさまざまな加工をした食品を⑥( )という。
- □(4) ⑦( )法により，すべての食品に⑦( )が義務付けられている。生鮮食品と⑥( )では，義務付けられている表示内容が異なる。義務付けられている表示内容が多いのは，⑥( )の方である。

2 食品の特徴　▶▶②

- □(1) 生鮮食品は，①( )が低下しやすく，②( )も早い。生産量が多く，味の良い時期があり，この時期を旬または③( )という。旬の時期は地域により異なる。
- □(2) 生鮮食品には，名称と④( )の表示が義務付けられている。
- □(3) 加工食品の作られる目的には，食品の⑤( )を高める，新しい食品を作る，調理の⑥( )を省く，などがある。品質改良，保存性向上，味や見た目の向上などの目的で，⑦( )が使われることがある。
- □(4) 加工食品には，名称，⑧( )(⑦( )を含む)，内容量，期限，保存方法，⑨( )と栄養成分量，製造業者または販売業者の名称と⑩( )の表示が義務付けられている。⑪( )の原因となる食品，⑫( )食品も表示する必要がある。

3 食品の保存と食中毒の防止　▶▶②

- □(1) 食品には，それぞれに適した保存方法がある。品質の低下を抑えて①( )に保存することが大切である。
- □(2) 有害なものを食べたときに起こる健康被害を②( )という。主な原因は，食品についた細菌や寄生虫，③( )である。
- □(3) 細菌が増殖する主な原因は，④( )，⑤( )，⑥( )である。
- □(4) 食中毒予防の三原則は，⑦( )，⑧( )，⑨( )である。

要点　生鮮食品，加工食品，それぞれに特徴があり，それぞれ食品表示が義務付けられている。これらに注意して食品を購入する。食中毒についての知識も身に付けよう。

3 食品の特徴と選択

1 食品の選択について，次の各問いに答えなさい。 ▶▶**1**

□(1) 食品に付けられる次のA〜Dのマークの名称を下の⑦〜⊆から選びなさい。

A（　　　　）　　　　B（　　　　）　　　　C（　　　　）　　　　D（　　　　）

⑦JAS　　　　⑦有機JAS　　　　⑦HACCP認証　　　　⊆特定保健用食品

□(2) 日本農林規格に基づき，農薬や化学肥料を使用せずに作られたことを示すマークを，(1)の
A〜Dから選びなさい。　　　　　　　　　　　　　　　　　　　　　　　（　　　　　）

2 食品の特徴，食中毒について，次の各問いに答えなさい。 ▶▶**2 3**

□(1) 次の①〜④の季節が旬（出盛り期）の生鮮食品を，下の⑦〜⊆から3つずつ選びなさい。

①春（　　　　　　）　　　　②夏（　　　　　　）

③秋（　　　　　　）　　　　④冬（　　　　　　）

⑦さわら　　⑦さんま　　⑦あゆ　　⊆ぶり　　⊙あじ　　⑦ほうれんそう

⑦トマト　　⑦さつまいも　　⑦たけのこ　　⊐なましいたけ　　⊕はくさい

⊆アスパラガス

□(2) 記述 食品の保存性を高めるために工夫された加工の方法を2つ挙げなさい。
（　　　　　　　　　　　　　　　　　　　　　　　　　　　　　　　　　　　）

□(3) 加工食品の期限の表示について，次の文の①〜③に適切な語句や数字を書きなさい。
①（　　　　　　　）は，安全が保証されている期限で，品質がおおむね②（　　　　　）日以内に
劣化する食品に表示される。一方，③（　　　　　　　）はおいしさなどの品質が保証されている
期限で，比較的いたみにくい食品に表示される。

□(4) 食物アレルギーの原因となる食品のうち，必ず表示される特定原材料は7品目ある。その
うち3つを答えなさい。　　　　　　　　　　　　　（　　　　　）（　　　　　）（　　　　　）

□(5) 食中毒について，次の①〜④の文が正しければ○を，誤っていれば×を（　）に書きなさい。

①食中毒の原因として最も多いのは，ウイルスである。　　　　　　　　　　　（　　　）

②細菌による食中毒は夏，ウイルスによる食中毒は冬の発生件数が多い。　　　（　　　）

③ほとんどの菌は，食品の中心温度50℃で1分以上，加熱すると死滅する。　　（　　　）

④ノロウイルスによる食中毒は，さばやいかの刺し身などから起こる。　　　　（　　　）

ミスに注意 **2** (4) 表示が勧められている20品目と間違わないようにしよう。

( )にあてはまる語句を答えよう。

1 調理の目的と調理の基本 ▶▶❶

□(1) 調理をする目的は，食品を①( )的に安全に食べられるようにする，食べやすくする，②( )しやすくする，おいしく，見た目も美しくして楽しく食事ができるようにする，などである。

□(2) 身支度をしたら，調理を始める前に必ず③( )。食品や④( )などは，安全と①( )に配慮して取り扱う。

□(3) おいしく調理するために，材料や調味料を正しく⑤( )する。調味料によって⑥( )の染み込みやすさが違うため，適切な順番で入れる。

□(4) 次のA〜Dの切り方の名称。

A( ) B( ) C( ) D( )

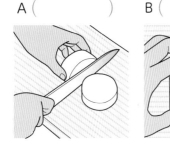  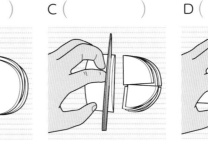 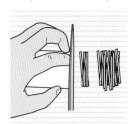

2 食品の調理の基本 ▶▶❷

□(1) 野菜やいもは，水分が多く，①( )，無機質(ミネラル)，食物繊維を含む。一般的には②( )温，③( )湿度で保存するが，②( )温に弱いものもある。

□(2) ④( )の強い野菜やかたい野菜，いもは，加熱で④( )を除き，やわらかくする。⑤( )などの水溶性成分は，ゆでると損失しやすくなる。加熱したり⑥( )を振りかけたりすると⑦( )が減るため，たくさん食べられる。

□(3) 肉には⑧( )や脂質，ビタミンが多く含まれる。肉の種類や⑨( )によって⑧( )の種類や量が違うので，適切に使い分ける。

□(4) 肉を加熱すると，⑧( )の⑩( )により縮んで⑪( )が流れ出し，硬くなる。⑫( )を切る，たたくなどの方法で，やわらかくすることができる。

□(5) 魚は肉質の違いから，赤身魚と⑬( )に分けられる。

□(6) 煮魚は，⑭( )時間で火を通すと水分が保持され，⑮( )しにくく，煮汁に成分が溶け出しにくくなる。

要点 調理の目的，衛生と安全へ配慮した調理について理解しよう。食品にはそれぞれ，調理上の特性がある。これらの性質を踏まえて適切に工夫して調理する。

4　日常食の調理①

❶　**調理の基本について，次の各問いに答えなさい。**　▶▶ **1**

☐(1)　①計量スプーンの大さじ，②計量スプーンの小さじは，それぞれ何mLか。
　　①(　　　　　)mL　　②(　　　　　)mL

☐(2)　次の①〜③の食品を切るときの切り方を，下の㋐〜㋒から選びなさい。
　　①肉や野菜(　　　　)　　　②やわらかい肉や魚(　　　　)　　　③豆腐など(　　　　)
　　㋐垂直圧し切り　　㋑押し出し切り　　㋒引き切り

☐(3)　次のA〜Dの切り方の名称を答えなさい。
　　A(　　　　　)　　　B(　　　　　)　　　C(　　　　　)　　　D(　　　　　)

☐(4)　布巾やまな板は何で殺菌するとよいか，2つ答えなさい。　　　(　　　　)(　　　　)

❷　**食品の調理の基本について，次の各問いに答えなさい。**　▶▶ **2**

☐(1)　記述　葉菜類，茎菜類はどのようなものを選ぶとよいか書きなさい。
　　(　　　　　　　　　　　　　　　　　　　　　　　　　　　　　　　　　　)

☐(2)　野菜の調理について，次の文の①〜④にあてはまる語句を下の㋐〜㋑から選びなさい。
　　青菜の緑色の①(　　　　　)は熱に弱い。沸騰したたっぷりの湯で②(　　　　　)時間ゆ
　　で，すぐに水に取って③(　　　　　)。ごぼうなどの切り口は，放置すると褐色に変色す
　　る。これを④(　　　　　)といい，切ってすぐに水につけると防ぐことができる。
　　㋐冷やす　　㋑短い　　㋒色素　　㋓褐変　　㋔長い

☐(3)　肉の鮮度について，次の文の①〜⑤にあてはまる語句を下の㋐〜㋑から選びなさい。
　　鮮度の良い肉は，①(　　　　　)があり，嫌な②(　　　　　)がなく，③(　　　　　)
　　(液汁)が出ていない。ぶた肉は淡い④(　　　　　)色，牛肉は鮮やかな⑤(　　　　　)色，
　　とり肉は透明感のある④(　　　　　)色のものがよい。
　　㋐臭い　　㋑ピンク　　㋒ドリップ　　㋓赤　　㋔弾力　　㋕青　　㋖筋

☐(4)　魚の鮮度について，次の文の①〜④に適切な語句を書きなさい。
　　一尾で売られている魚は，①(　　　　　)があり，②(　　　　　)が澄んでいて張り出し
　　ているもの，③(　　　　　)が赤色のもの，腹部が裂けていないもの，色のはっきりして
　　いるものの鮮度が良い。切り身の場合は，全体に①(　　　　　)があり，透明感と艶がある
　　もの，パックに④(　　　　　)(液汁)がたまっていないものがよい。

5 日常食の調理②／食文化

( )にあてはまる語句や数字を答えよう。

1 日常食の調理 ▶▶①

□(1) 環境のことを考えて ①( )，調理，後片付けを工夫することを ②( )という。食材や料理を無駄にしない，国産や地域の ③( )の食材を選ぶ，後片づけでは ④( )の使用量を少なくするなど，できることを考えて実行する。

□(2) 朝食作りでは，栄養的な配慮をしながら，⑤( )時間でできるよう工夫する。

□(3) 弁当作りでは，主食：主菜：副菜の比が，およそ ⑥( )：1：⑦( )になるようにするとバランスが良い。おかずは ⑧( )を切ってから詰める。

2 日本の食文化 ▶▶②

□(1) 地域で生産された食材をその地域で消費する ①( )の取り組みが広がっている。①( )には，生産過程がわかる，新鮮な食材を入手できる，伝統的な ②( )が継承される，などの利点がある。

□(2) その土地特有の食材や調理法で作られ，受け継がれてきた料理を ③( )という。また，お食い初めや七五三など人生の節目，正月やひな祭りなど行事のときに食べる特別な食事を ④( )という。正月に食べる ⑤( )には豊作や家内安全，長寿などさまざまな願いが込められており，地域や家庭によってさまざまな特徴がある。

□(3) ⑥( )とは，日本の伝統的な食文化のことで，米飯と汁物，主菜や副菜を組み合わせた，一汁 ⑦( )という基本的な組み合わせがある。

3 持続可能な食生活 ▶▶③

□(1) ①( )は，食品の安全性についての基本理念を定めた法律で，2003年に制定された。これに伴い，内閣府に ②( )が設置された。

□(2) 国内の食料生産が国内の食料消費をどのくらい賄っているかを百分率(%)で示したものを ③( )という。日本は食料を輸入に頼っている割合が高く，③( )は約40％（カロリーベース）である。一方で，食品の ④( )は大変多い。食品の ④( )は食料資源が無駄になり，処理にもエネルギーを使うことにつながる。食品を無駄なく使う工夫が求められる。

□(3) 食品の輸送距離が長くなると，エネルギーの消費や ⑤( )の排出が増える。食品の輸送が環境に与える負荷を表す指標に ⑥( )がある。一方，食品の生産や流通，廃棄等の過程で排出された ⑦( )の量を ⑤( )の排出量に換算し，可視化する取り組みを ⑧( )という。

□(4) ⑨( )は，食育を総合的，計画的に進めるために2005年に制定された。

5　日常食の調理②／食文化

1 ハンバーグステーキの調理法について，次の各問いに答えなさい。　▶▶ **1**

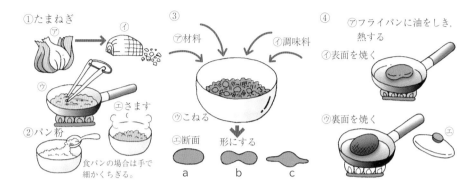

①たまねぎ　②パン粉　食パンの場合は手で細かくちぎる。
⑦材料　⑦調味料　⑦こねる　⑤断面　形にする　a　b　c
⑦フライパンに油をしき、熱する　⑦表面を焼く　⑦裏面を焼く

- □(1)　①の⑦の切り方の名称を答えなさい。　（　　　　　）
- □(2)　③の⑦の材料の肉は，どのような肉か。（　　　　　）
- □(3)　形を作ったときの断面としてよいものを，③⑤のa～cから選びなさい。（　　　）
- □(4)　記述 ④⑦の裏面を焼くときにふたをするのは何のためか答えなさい。
  （　　　　　　　　　　　　　　）

2 食文化について，次の各問いに答えなさい。　▶▶ **2**

- □(1)　次の①～⑦の行事の行事食を，下の⑦～⑦から選びなさい。
  ①ひな祭り（　　　）　②端午の節句（　　　）　③七夕（　　　）
  ④土用の丑の日（　　　）　⑤お盆（　　　）　⑥十五夜（　　　）
  ⑦冬至（　　　）
  ⑦そうめん　⑦精進料理　⑦だんご　⑤かしわもち
  ⑦かぼちゃ　⑦ちらしずし　⑦うなぎ料理　⑦お節料理
- □(2)　地域で伝統として受け継がれてきた料理を何というか。　（　　　　　）

3 持続可能な食生活について，次の各問いに答えなさい。　▶▶ **3**

- □(1)　次の①～③の文が正しければ○を，誤っていれば×を（　）に書きなさい。
  ①　食品安全委員会は，食品の健康への影響についてリスク評価を行っている。（　　）
  ②　日本の食料自給率が低いのは，米の自給率が低いためである。（　　）
  ③　日本は食料自給率が低いので，フードマイレージも小さい。（　　）
- □(2)　日本で無駄に廃棄される食品(食品ロス)の量として適当なものを⑦～⑦から選びなさい。
  ⑦年間約6万5000 t　⑦年間約65万 t　⑦年間約650万 t　（　　　）

ヒント　**1** (3) 中まで火が通りやすい形を考える。

❶ 調理器具について，次の各問いに答えなさい。 15点

□(1) 次の①～③の包丁の名称を書きなさい。

① 　　② 　　③

□(2) 次の①～③の包丁の使い方が正しければ○を，誤っていれば×を書きなさい。

① 　② 　③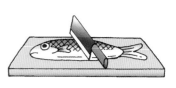

❷ 次の(1)～(5)の切り方の名称を答えなさい。 技 15点

(1) 　(2) 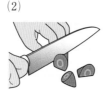　(3) 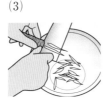　(4) 　(5)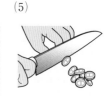

❸ ぶた肉のしょうが焼きの作り方について，次の各問いに答えなさい。 技 思 36点

□(1) 右の図の①～⑥の部位の名称を，次の⑦～⑰から選びなさい。
　　⑦もも　　④かた　　⑦ロース　　④ばら
　　⑦ヒレ　　⑰かたロース

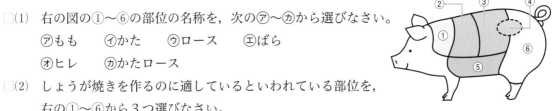

□(2) しょうが焼きを作るのに適しているといわれている部位を，
　　右の①～⑥から３つ選びなさい。

□(3) 焼いた後，肉が反り返りにくくなるようにするには，何をすればいいか答えなさい。

□(4) 肉を焼く前にしょうがのつけ汁につけ込むのは何のためか，味付け以外の理由を答えなさい。

□(5) 生肉を衛生的に扱うために注意することを１つ答えなさい。

❹ 次の図の献立に使われている食品を，6つの食品群に分類しなさい。　24点

キャベツ

トマト

さけ，小麦粉，油，バター，レモン

ほうれんそう，しらす干し

米

白ねぎ，わかめ，油揚げ，みそ，煮干し

❺ 次の文が正しければ〇を，誤っていれば×を書きなさい。　10点

☐(1)　たんぱく質1gでおよそ4kcalのエネルギーとなる。
☐(2)　青菜は沸騰したたっぷりの湯で短時間ゆで，すぐに水に取って冷やす。
☐(3)　肉を焼くときは，最初に弱火でじっくり火を通す。
☐(4)　さばのみそ煮は，煮汁の温度が低いときにさばを入れると煮崩れしない。
☐(5)　細菌による食中毒は夏に，ウイルスによる食中毒は冬に発生が多い。

<table>
<tr><td rowspan="2">❶</td><td>(1)</td><td colspan="2">① 3点</td><td colspan="2">② 3点</td><td colspan="2">③ 3点</td></tr>
<tr><td>(2)</td><td>① 2点</td><td>② 2点</td><td>③ 2点</td><td></td><td></td><td></td></tr>
</table>

❷	(1) ⠀⠀⠀3点	(2) ⠀⠀⠀3点	(3) ⠀⠀⠀3点
	(4) ⠀⠀⠀3点	(5) ⠀⠀⠀3点	

❸	(1) ① 2点 ② 2点 ③ 2点 ④ 2点 ⑤ 2点 ⑥ 2点
	(2) ⠀⠀ 2点 ⠀⠀ 2点 ⠀⠀ 2点 ⠀⠀(3)⠀⠀⠀⠀⠀⠀6点
	(4) ⠀⠀⠀⠀⠀⠀6点
	(5) ⠀⠀⠀⠀⠀⠀6点

❹	1群：⠀⠀⠀⠀4点	2群：⠀⠀⠀⠀4点
	3群：⠀⠀⠀⠀4点	4群：⠀⠀⠀⠀4点
	5群：⠀⠀⠀⠀4点	6群：⠀⠀⠀⠀4点

❺	(1) ⠀2点	(2) ⠀2点	(3) ⠀2点	(4) ⠀2点	(5) ⠀2点

定期テスト
予報　栄養素と食品群，その働きについて整理しましょう。調理器具の扱い方，作業の意味や食材の特性と扱い方も大切です。食中毒にも注意しましょう。

家庭
1
編

1 衣服の選択と衣文化

( )にあてはまる語句を答えよう。

1 衣服の働きと着方の工夫　▶▶①

□(1) 衣服の働き。
- ①( )上の働き：体を健康，清潔に保つ。
- ②( )上の働き：運動や作業をしやすくし，けがなどから体を保護する。
- ③( )上の働き：④( )や所属を表す。自分らしさや個性を表す。

　　　　　　　　　　　社会的⑤( )や道徳儀礼に合わせて気持ちを表す。

□(2) 衣服によって人に与える⑥( )が変わる。⑦( )(時間，場所，場合)を
踏まえ，⑥( )を考えながら⑧( )着方を工夫する。

2 日本の衣文化　▶▶②

□(1) 和服にも①( )に応じた着方がある。②( )は夏の日常着である。

□(2) 和服は③( )に裁った布を縫い合わせて④( )的に形作られる。一方，洋服
は人の体に合わせて裁断した⑤( )のあるパーツを縫い合わせて⑥( )
的に形作られる。このように，和服と洋服では衣服の⑦( )に違いがある。

3 衣服の選択　▶▶③

□(1) 既製服を購入するときには，手持ちの衣服との組み合わせを考える。①( )や品
質を確認し，価格は②( )に合うかを考え，③( )をする。

□(2) 既製服の表示には，身体の寸法を表すサイズ表示，用いられている繊維の種類と混用率を
示す④( )表示，洗濯など手入れの方法を示す⑤( )表示，原産国表示，
業者の連絡先などがある。既製服のサイズは⑥( )で定められている。

□(3) 寸法を測ることを⑦( )という。体に合う既製服を選ぶために⑦( )する。

□(4) ⑤( )表示は，5つの基本記号と付加記号や数字などの組み合わせからなる。基本
記号には，家庭洗濯，漂白，⑧( )，⑨( )，⑩( )がある。

□(5) 繊維は，天然繊維と⑪( )に大別される。天然繊維には⑫( )，
⑬( )などがあり，⑪( )には⑭( )と再生繊維がある。

□(6) 通信販売で購入するときには，⑮( )に示されていることをしっかり読み，
⑯( )できるかなどの条件を確認する。

要点　衣服にはいろいろな働きがある。T.P.O.に合わせて着方を工夫する。日本の衣
文化について理解する。既製品の選択と購入について必要なことを理解する。

1 衣服の選択と衣文化

1 衣服の働きと着方について，次の問いに答えなさい。 ▶▶ **1**

☐ 衣服の働きについて，次の文の①〜⑥にあてはまる語句を下の⑦〜⑰から選びなさい。

　衣服には，体を健康，清潔に保つ① (　　　　　　　) 上の働き，運動や作業をしやすくし，けがなどから体を保護する② (　　　　　　) 上の働き，職業や③ (　　　　　　) を表したり，④ (　　　　　　) を表現したり，社会的⑤ (　　　　　) に合わせたりする⑥ (　　　　　) 上の働きがある。T.P.O.を踏まえ，自分らしい着方を工夫する。

　⑦所属　　　　　⑦保健衛生　　　⑰個性
　⊇社会生活　　　⑦生活活動　　　⑰慣習

T.P.O.は Time（時）Place（場所）Occasion（場合）を表しているよ。

2 衣服の構成について，次の問いに答えなさい。 ▶▶ **2**

☐ 右のＡ，Ｂにあてはまるものを下の⑦〜⑰から
　３つずつ選びなさい。
　Ａ (　　　　　　)　　Ｂ (　　　　　　)
　⑦洋服の構成　　　⑦和服の構成
　⑰平面的　　　　　⊇立体的
　⑦服を体に留め付ける。
　⑰体に合わせて作られる。

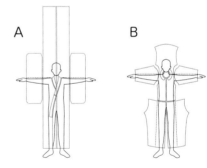

A　　　　B

3 衣服の選択と購入について，次の各問いに答えなさい。 ▶▶ **3**

☐(1)　記述 衣服を試着するときに確かめることを２つ答えなさい。
　　　　(　　　　　　　　　　　　　) (　　　　　　　　　　　　　)

☐(2)　肌触りが優しく，湿気をよく吸う繊維を下の⑦〜⑰から選びなさい。　(　　　　　)
　　　　⑦毛　　⑦アクリル　　⑰綿　　⊇麻　　⑦ポリエステル　　⑰ナイロン

☐(3)　次の①〜⑥は，それぞれ何を採寸しているか答えなさい。
　　　①(　　　　) ②(　　　　) ③(　　　　) ④(　　　　) ⑤(　　　　) ⑥(　　　　)

女子　　　男子

女子　　男子

ヒント **2** 和服は直線裁ち，洋服は曲線裁ちの布で構成され，それぞれ平面構成，立体構成という。

（　）にあてはまる語句を答えよう。

1 衣服の手入れ

☐(1)　着ているうちに，衣服には ①（　　　　　　）が付いたり，ほころびやしわが生じたりする。①（　　　　　　）を放置すると ②（　　　　　　）ができたりして品質が低下するだけでなく，布の ③（　　　　　　）も低下する。虫やカビが発生すると ④（　　　　　　）上の悪影響がある。

☐(2)　衣服に使われている布の ⑤（　　　　　　）の種類によって手入れの方法が異なってくるので，⑤（　　　　　　）の性質に応じて手入れする。

2 衣服の洗濯　▶▶

☐(1)　洗濯機で洗濯するときには，事前に ①（　　　　　　）を確認し，洗濯物を仕分ける。しみやひどい汚れは ②（　　　　　　）やつけおきをする。

☐(2)　繊維の種類に適する ③（　　　　　　）を選ぶ。③（　　　　　　）は使用量の目安を守る。③（　　　　　　）には，主に天然油脂をけん化（加水分解）して得られる ④（　　　　　　）と，天然油脂や石油などから化学的に合成される ⑤（　　　　　　）がある。主な成分は水の表面張力を低下させる ⑥（　　　　　　）である。

☐(3)　衣服についた部分的な汚れをしみといい，しみを落とすことを ⑦（　　　　　　）という。

☐(4)　洗わなくてよい物には ⑧（　　　　　　）をかけて，ちりやほこりを取る。

☐(5)　しわが気になるときには，⑨（　　　　　　）をかける。

3 衣服の補修　▶▶

☐(1)　下の図の縫い方は，①（　　　　　　）である。

❶

❷

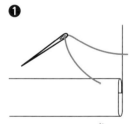
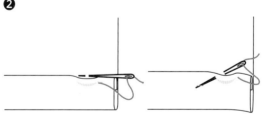
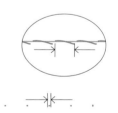

☐(2)　上の❶では，折り山の 1〜2 mm くらい下から糸を出す。❷では，5〜8 mm くらい先の ②（　　　　　　）布の織り糸をすくう。完成したときに ②（　　　　　　）にあまり糸が見えないようにする。

☐(3)　①（　　　　　　）の縫い方は，ズボンやスカートの ③（　　　　　　）がほころびている場合などに使う。

要点　衣服の汚れなどを放置すると，品質や性能が低下する。使われている繊維に応じて適切な手入れができるようにする。補修するときの正しい方法も押さえよう。

2 衣服の手入れ

❶ **衣服の洗濯について，次の各問いに答えなさい。**　▶▶ **2**

□(1)　衣服の取り扱い表示の基本記号である次のA～Eは，それぞれ何を表すか。下の⑦～⑦から選びなさい。

A(　　　)　B(　　　)　C(　　　)　D(　　　)　E(　　　)
⑦漂白　　⑦乾燥　　⑦クリーニング　　⑤家庭洗濯　　⑦アイロン

□(2)　取り扱い表示の家庭洗濯やクリーニングの付加記号で，①下線なし，②下線1本，③下線2本，のうち，強さが非常に弱いことを示すものを番号で選びなさい。　(　　　)

□(3)　せっけん水の液性を答えなさい。　(　　　)

□(4)　記述 右の図を見て，しみ抜きの方法を答えなさい。

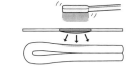

(　　　　　　　　　　　　　)

□(5)　取り扱い表示のアイロンの付加記号について，・が①1つ，②2つ，③3つ，のうち，最も高温の200℃でアイロンがけできることを示すものを番号で選びなさい。　(　　　)

❷ **衣服の補修について，次の各問いに答えなさい。**　▶▶ **3**

□(1)　次の①，②の糸の処理の仕方を何というか答えなさい。

①
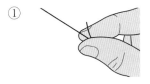　　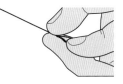　

(　　　　　　)

②
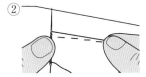　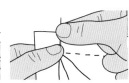　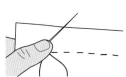　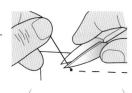

(　　　　　　)

□(2)　次の①～④のうち，正しくスナップ付けしてあるものはどれか。　(　　　)

①

②

③

④

□(3)　スナップの凸の方を付けるのは，布の上側と下側のどちらか。　(　　　)

3 布作品の製作の準備

（　）にあてはまる語句を答えよう。

1 製作の計画

□(1) 毎日の生活の中で，あると ①（　　　　　　　）だと思う物や，世界で ②（　　　　　　　）だけの物
など，生活を ③（　　　　　　　）にする物を布を使って製作する。

□(2) どのような ④（　　　　　　　）の物を作るのか，生活場面や ⑤（　　　　　　　）を考えて決める。

□(3) デザイン，⑥（　　　　　　　）の種類と必要量，費用などのほか，⑦（　　　　　　　）や環境への
配慮についても考える。

2 布や用具の準備　▶▶ ❶ ❷

□(1) 作る物を決めたら，必要な大きさを測ったり，身体を ①（　　　　　　　）したりする。作る物
の形や大きさに合わせて ②（　　　　　　　）を準備する。市販のものを利用してもよい。

□(2) 布は，色や柄だけでなく，丈夫さや ③（　　　　　　　）のしやすさも考えて選ぶ。

□(3) 布の種類
織物：④（　　　　　　　）(平織)，⑤（　　　　　　　）(あや織)
編み物：ジャージ，⑥（　　　　　　　）など
不織布：⑦（　　　　　　　），フリースなど

□(4) 織物の布にあるたて糸とよこ糸の折り目を ⑧（　　　　　　　）とい
う。⑧（　　　　　　　）には右の図の通り方向がある。
⑨（　　　　　　　）方向　⑩（　　　　　　　）方向　⑪（　　　　　　　）方向
⑨（　　　　　　　）に対して左右の端になる部分を ⑫（　　　　　　　）という。
引っ張ったとき一番伸びやすいのは ⑪（　　　　　　　）方向である。

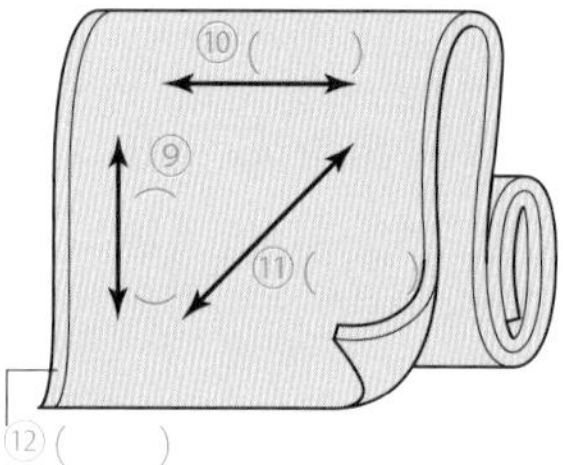

⑩（　　　）
⑨（　　　）
⑪（　　　）
⑫（　　　）

□(5) 次のA～Jの用具の名称。

A（　　　）　B（　　　）　C（　　　）　D（　　　）　E（　　　）

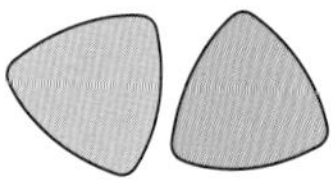

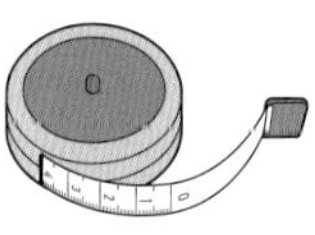

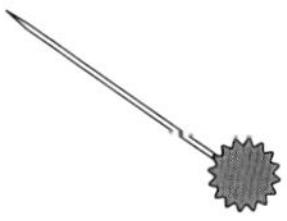

F（　　　）　G（　　　）　H（　　　）　I（　　　）　J（　　　）

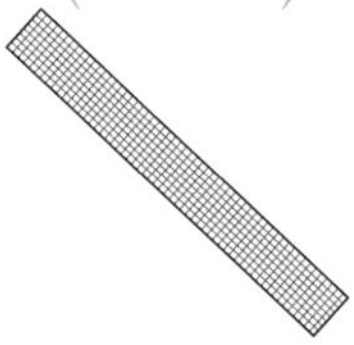

要点	生活場面や目的を考えて作る物を決めて準備する。製作に適した布の種類を考え，布や型紙，用具を準備する。資源や環境への配慮も重要である。

1 製作に使う布について，次の各問いに答えなさい。　▶▶**2**

□(1)　次のA〜Dの繊維の名称を，下の⑦〜⑤から選びなさい。

A（　　　　）　　B（　　　　）　　C（　　　　）　　D（　　　　）

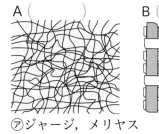　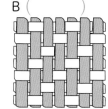　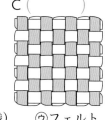　

⑦ジャージ，メリヤス　　⑦デニム（あや織）　　⑦フェルト，フリース
⑤ブロード（平織）

□(2)　不織布の繊維はどれか，(1)のA〜Dから選びなさい。　　　　　（　　　　）

□(3)　丈夫で手入れがしやすく，作りやすい布はどれか，(1)の⑦〜⑤から2つ選びなさい。

（　　　　）（　　　　）

□(4)　右のA〜Cは，布をたて・よこ・斜め方向に引っ張ったときの伸び方を比較している。次の①〜③の方向を示しているものをそれぞれ選びなさい。

①たて方向（　　　　）　　②よこ方向（　　　　）

③斜め方向（　　　　）

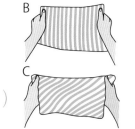

□(5)　(4)の①から③を，伸びやすい順に並べなさい。

（　　　　→　　　　→　　　　）

□(6)　(4)の③の斜め方向のことを何というか答えなさい。　（　　　　）

2 ミシンの使い方について，次の各問いに答えなさい。　▶▶**2**

□(1)　図1を見て，ミシンの上糸をかける順にA〜Fを並べ替えなさい。

（　　　→　　　→　　　→　　　→　　　→　　　）

□(2)　図2のような縫い目になるときには，上糸をどのように調節するか，次の①，②にあてはまる語句を書きなさい。

・上糸の調子を①（　　　　）する。

・上糸調節装置の目盛りを②（　　　　）する。

図1

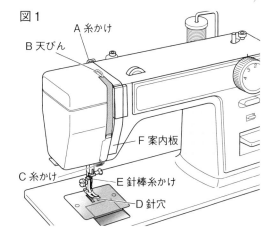

A 糸かけ
B 天びん
F 案内板
C 糸かけ
E 針棒糸かけ
D 針穴

図2

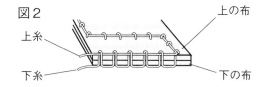

上糸
下糸
上の布
下の布

4 布作品の製作

( )にあてはまる語句を答えよう。

1 布作品の製作　▶▶❶

□(1)　布には，できあがり線や，布を縫い合わせるときにずれないように付けておく
① ( )，裁ち切り線などのしるしを付ける。しるしは② ( )や布用複写
紙などを使って付ける。型紙は③ ( )で布にとめる。

□(2)　布に付けた裁ち切り線を④ ( )で裁断する。

□(3)　ミシンなどで縫う前に③ ( )で仮止めし，⑤ ( )で仮縫いをする（しつけ
縫い）。できあがり線の約 1 mm ⑥ ( )側を，⑦ ( )針目で縫う。

□(4)　ミシンの針は，⑧ ( )面を針棒の溝に付けて差し込む。

□(5)　ミシンの下糸は⑨ ( )に巻く。⑨ ( )は直接，または⑨ ( )ケー
スに入れて，ミシンの⑩ ( )に入れる。

□(6)　ミシンの縫い始めと縫い終わりは，⑪ ( )をするか，上糸と下糸を裏側に出して
結ぶ。途中で糸が切れたときには，⑫ ( )縫う。

□(7)　ミシンのトラブルと原因。

　　　・針が折れる：針の付け方が正しくない（浅い）。針が⑬ ( )。
　　　　　　　　　⑭ ( )が緩んでいる。

　　　・布が動かない：⑮ ( )の数字が 0 になっている。
　　　　　　　　　　⑯ ( )が上がっていない。
　　　　　　　　　　⑯ ( )にほこりや糸が詰まっている。

　　　・縫い目（針目）が飛ぶ：針の付け方が正しくない。
　　　　　　　　　　　　針が⑬ ( )。針の先が折れている。
　　　　　　　　　　　　布に対して針と糸の⑰ ( )が合っていない。

　　　・上糸が切れる：上糸のかけ方が正しくない。上糸の調子が⑱ ( )。
　　　　　　　　　　針の付け方が正しくない。

　　　・下糸が切れる：下糸の巻き方が⑲ ( )。下糸の入れ方が正しくない。

2 持続可能な衣生活　▶▶❷

□(1)　限りある資源を循環させて利用する① ( )に向けた取り組みに 3 R がある。R
は，再生利用を意味する② ( )，発生抑制を意味する③ ( )，再使
用を意味する④ ( )の英語表記の頭文字である。

□(2)　江戸時代は鎖国により資源が少なく，物を⑤ ( )心を持って生活をしていた。古
くなって着られなくなった着物はおむつや雑巾として使用し，ぼろぼろになれば火をたく
ときのたきつけにし，灰は⑥ ( )や染め物のときの溶媒にするなど，着物は徹底
的に② ( )された。

4　布作品の製作

①　布作品の製作について，次の各問いに答えなさい。　▶▶ **1**

□(1)　次の①～⑥の文が正しければ○を，誤っていれば×を（　）に書きなさい。

①布に付けるしるしは，布地と似た色で目立たないように付ける。（　　　）

②布用複写紙は布の間に入れ，ルレットでしるしを付ける。（　　　）

③はさみを受け渡しするときには，刃先を自分の方に向ける。（　　　）

④裁ちばさみで布を裁つときには，台からはさみと布を浮かせて裁つとよい。（　　　）

⑤ミシンで縫うときには，常にコントローラに足を置いておく。（　　　）

⑥道具を片付けるときには，特にまち針の数に気を付けて確認する。（　　　）

□(2)　下の図１について，A～Eのまち針を打つ順序を答えなさい。同じ数字が２回入ることもある。

A（　　　）　　B（　　　）　　C（　　　）　　D（　　　）　　E（　　　）

□(3)　作図 下の図１にしつけをし，まち針を抜いた状態が図２となるよう，図２にしつけ縫いの縫い目を描きなさい。図中の⑦，⑦が説明となるよう，引き出し線を描きなさい。

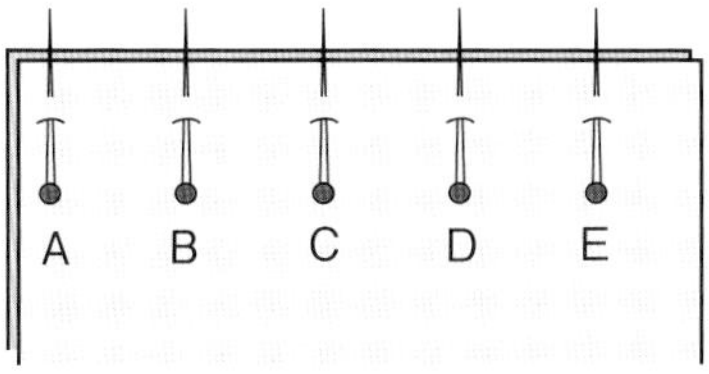

図１ 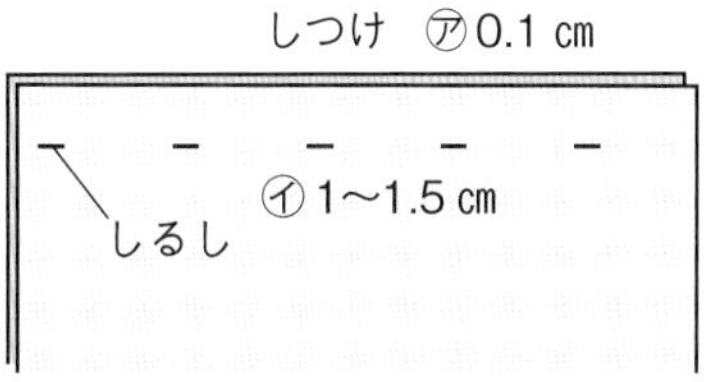　　　　　　　　　　　　図２

しつけ　⑦0.1 cm
しるし　⑦1～1.5 cm

□(4)　布端の始末の仕方について，右の図の①～④の名称または使用するミシンの種類を答えなさい。

①（　　　　　　　）　　②（　　　　　　　）

③（　　　　　　　）　　④（　　　　　　　）

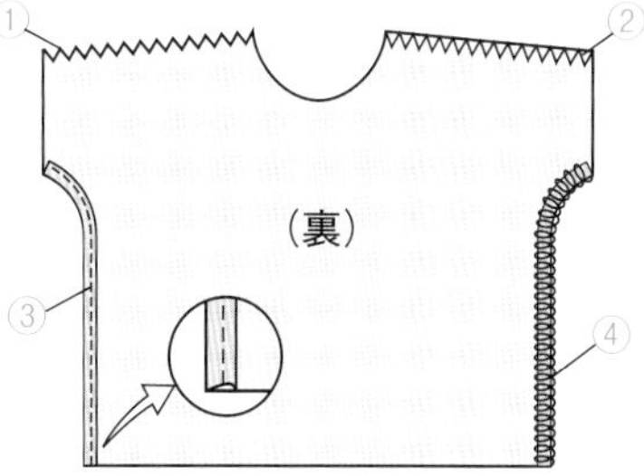

（裏）

②　持続可能な衣生活について，次の各問いに答えなさい。　▶▶ **2**

□(1)　記述 衣服のリユース，リデュースの例をそれぞれ答えなさい。

リユース　（　　　　　　　　　　　　　　　　　　　　）

リデュース（　　　　　　　　　　　　　　　　　　　　）

□(2)　地球温暖化などへの対策として環境省が提唱している，夏に上着やネクタイのいらない涼しい着方をしようという運動や，そのような涼しい服装を何というか。（　　　　　　　）

□(3)　(2)と同様に，冬に厚着をして暖房の使用を抑制しようという運動を何というか。

（　　　　　　　）

ヒント　**②** (2)英語の「涼しい」を取り入れた言葉。

❶ 次の表を見て，繊維の種類と性質について下の各問いに答えなさい。 54点

繊維の種類と手入れに関わる性質　　　　　　　　　◎性能が良い　○普通　△性能が劣る

	繊維の種類		ぬれたときの強度	防しわ性	吸湿性	アイロンの温度	その他の特徴
A繊維	植物繊維	①	◎	△	◎	⑥	・水をよく吸う。
	動物繊維	②	○	◎	◎	⑦	・水の中でもむと縮む。
		③	△	○～△	◎	150℃まで	・光沢がある。
B繊維	（ C ）繊維	④	◎	◎	△	150℃まで	・縮まない。
		ナイロン	◎	◎	△	110℃まで	・熱水中でついたしわが取れにくい。
		⑤	◎	◎	△	⑧	・汚れが再び付きやすい。

- □(1)　表のA～Cにあてはまる語句を答えなさい。
- □(2)　表の①～⑤の繊維の名称として適切なものを，㋐～㋔からそれぞれ選びなさい。

　　　㋐絹　　㋑ポリエステル　　㋒綿　　㋓毛　　㋔アクリル
- □(3)　表の⑥～⑧にあてはまる温度は，110℃まで，150℃まで，200℃まで，のどれか答えなさい。
- □(4)　洗濯の際に中性洗剤を使うものを，(2)の㋐～㋔から2つ選びなさい。
- □(5)　虫の害を受けやすいものを，(2)の㋐～㋔から2つ選びなさい。
- □(6)　乾きやすいのは，表のA繊維，B繊維のどちらか。
- □(7)　B繊維には，C繊維のほか，どのような繊維があるか答えなさい。

❷ 既製服の表示について，次の各問いに答えなさい。 技 思 31点

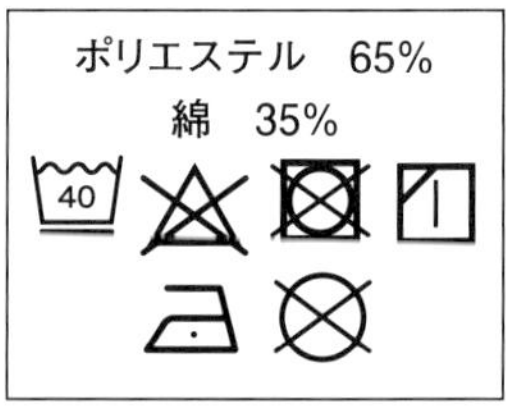

- □(1)　図1は何という表示か答えなさい。
- □(2)　図1のAの意味を書きなさい。また，A以外の同様の表示を1つ，意味とともに答えなさい。
- □(3)　図2の取り扱い表示の意味について，次の①～⑥の文が正しければ○を，誤っていれば×を書きなさい。
　　　①液温40℃を限度に洗濯機で通常洗濯ができる。
　　　②漂白はできない。　　③タンブル乾燥はできない。　　④日なたでつり干しする。
　　　⑤200℃を限度にアイロンかけができる。　　⑥ドライクリーニングはできない。
- □(4)　図2にあるように用いられている繊維の種類と百分率を示した表示を何というか。
- □(5)　図2のようなポリエステル65%，綿35%の生地は，次の㋐，㋑のどちらに向いているか。

　　　㋐夏用のシャツ　　㋑スーツの裏地

図1

サイズ
身長　160
胸囲　80
160A

図2

ポリエステル　65%
綿　35%

❸ 次の図を見て，ミシンの使い方について下の各問いに答えなさい。技 思　　15点

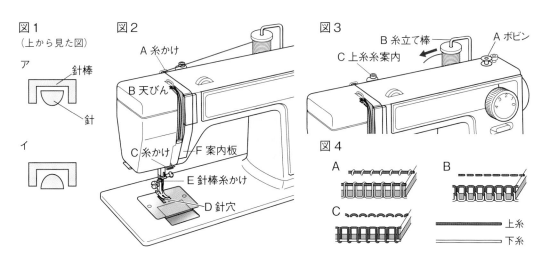

図1
（上から見た図）
ア
針棒
針

イ

図2
A 糸かけ
B 天びん
C 糸かけ　F 案内板
E 針棒糸かけ
D 針穴

図3
B 糸立て棒
C 上糸糸案内
A ボビン

図4
A
B
C
上糸
下糸

□(1)　図1でミシン針の付け方として正しいものは，ア，イのどちらか答えなさい。

□(2)　図2で，上糸はA〜Fにどのような順でかけるか，記号で答えなさい。

□(3)　図3で，下糸を巻くとき，糸はA〜Cにどのような順でかけるか答えなさい。

□(4)　図4のA〜Cの糸調子について，それぞれにあてはまるものを次の㋐〜㋒から選びなさい。
　　㋐ちょうどよい　　　㋑上糸が強い　　　㋒上糸が弱い

□(5)　(4)の㋑のときには，どのように調節するかを答えなさい。

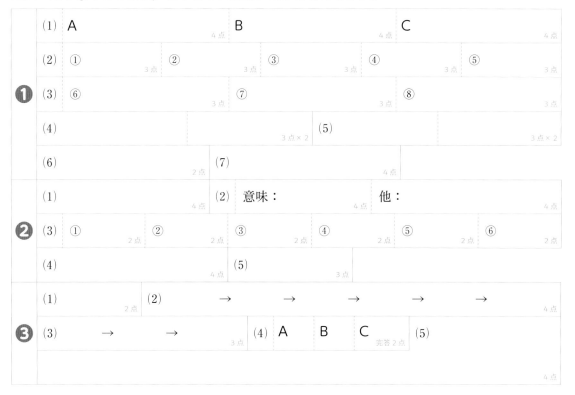

❶

(1)	A		B		C	
		4点		4点		4点

(2)	①	②	③	④	⑤
	3点	3点	3点	3点	3点

(3)	⑥	⑦	⑧
	3点	3点	3点

(4)		(5)	
	3点×2		3点×2

(6)		(7)	
	2点		4点

❷

(1)		(2)	意味：		他：
	4点			4点	4点

(3)	①	②	③	④	⑤	⑥
	2点	2点	2点	2点	2点	2点

(4)		(5)	
	4点		3点

❸

(1)		(2)	→	→	→	→	→
	2点						4点

(3)	→	→	(4)	A	B	C	(5)
		3点				完答2点	
							4点

定期テスト
予報　衣服の繊維の種類と，その手入れ方法を整理しておきましょう。組成表示や取り扱い表示の意味，ミシンの使い方も大切です。

1 住まいの役割と住まい方

（　）にあてはまる語句を答えよう。

1 住まいの役割，住まいに必要な空間　▶▶①

□(1) 住まいは，厳しい①（　　　　　　）やさまざまな危険から私たちの生命と②（　　　　　　）を守る。

□(2) 住まいは③（　　　　　　）を休めたり健康を④（　　　　　　）したりする場であり，私たちに⑤（　　　　　　）と健康をもたらしている。

□(3) ⑥（　　　　　　）が育ち，家族が⑦（　　　　　　）場である。

□(4) 住まいの空間を⑧（　　　　　　）という。⑧（　　　　　　）のなかで，私たちはさまざまな⑨（　　　　　　）を行っている。

□(5) ⑨（　　　　　　）で分類する住まいに必要な空間
⑩（　　　　　　）の空間：団らん，食事などを行う。
⑪（　　　　　　）の空間：入浴，排せつなどを行う。
⑫（　　　　　　）の空間：調理，洗濯などを行う。
⑬（　　　　　　）の空間：出入り，通行，収納などを行う。
⑭（　　　　　　）の空間：休養，趣味，勉強などを行う。

> 家にはさまざまな空間があって，それぞれに役割があるね。

2 住まいと気候風土の関わり　▶▶②

□(1) 日本の気候は，夏は①（　　　　　　）で②（　　　　　　）が強く，冬は寒い。また，日本は③（　　　　　　）に長くなっており，日本海側と④（　　　　　　），瀬戸内地方など，各地で⑤（　　　　　　）が異なる。

□(2) 日本の住まいは，伝統的には季節や各地の⑤（　　　　　　）に合わせた⑥（　　　　　　）のある住まいが作られてきた。現在では伝統的な住まいは減り，同じような住まいが増えている。都市部では⑦（　　　　　　）が増えている。

□(3) 和式の住宅では，履物を脱いで家の中に入り，床や⑧（　　　　　　）に⑨（　　　　　　）座る。⑧（　　　　　　）には保温性と⑩（　　　　　　）があり，日本の気候に適している。玄関や障子，⑪（　　　　　　）などは⑫（　　　　　　）となっていて，開ける部分の面積を調整できる。

□(4) 洋式の住まいは，窓やドアは⑬（　　　　　　）で，閉めたときの⑭（　　　　　　）や遮音性が高い。靴のまま室内に入り，⑮（　　　　　　）やベッドを使う。

□(5) 和式の住まいは⑯（　　　　　　）の暑さに，洋式の住まいは⑰（　　　　　　）の寒さに対応している。

□(6) 和式と様式を組み合わせた，⑱（　　　　　　）の住まい方もある。

要点 住まいにはいろいろな役割がある。必要な住空間や，生活行為から住空間を分けることができる。各地の伝統的な住まいには，気候風土に応じた特徴がある。

1 住まいの役割と住まい方

1 住まいの役割と住空間について，次の各問いに答えなさい。　▶▶ **1**

□(1)　次のイラストのA〜Eはそれぞれ何の空間か書きなさい。

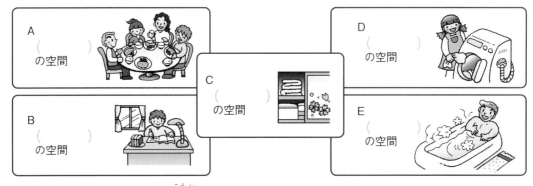

A（　　　　）の空間

B（　　　　）の空間

C（　　　　）の空間

D（　　　　）の空間

E（　　　　）の空間

□(2)　(1)のA〜Eで行われる生活行為にあてはまるものを，下の⑦〜㋙から2つずつ選びなさい。

A（　　　　）　B（　　　　）　C（　　　　）
D（　　　　）　E（　　　　）

⑦アイロンかけ　　④洗面　　⑨仕事　　㋤収納　　㋭団らん
㋑調理　　　　　　㋖排せつ　㋘通行　　㋙接客　　㋚休養

2 伝統的な住まいや各地の住まい方について，各問いに答えなさい。　▶▶ **2**

□(1)　①和式の住まいの特徴，②洋式の住まいの特徴を，下の⑦〜㋑から3つずつ選びなさい。
①和式の住まいの特徴　（　　　　　　　）　　②洋式の住まいの特徴　（　　　　　　　）
⑦引き戸が用いられている。　　　④開き戸が用いられている。
⑨冬の寒さに対応している。　　　㋤夏の暑さに対応している。
㋭部屋の目的がはっきりしている。　㋑部屋を多目的に使える。

□(2)　記述 右の図は，夏至，春分・秋分，冬至の日の太陽の
南中の様子を表している。軒やひさしがあるとど
のような利点があるか，「南中高度」「日差し」と
いう言葉を用いて説明しなさい。

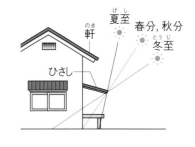

軒　夏至　春分，秋分　冬至　ひさし

（　　　　　　　　　　　　　　　　　　　　　）

□(3)　次の文は，どの都道府県の伝統的な住宅について述べたものか。下の⑦〜㋤から選びなさい。
台風の被害を防ぐために，周りを石垣と樹木で囲んだ平屋建てで，風通しの良い作りになっ
ている。　　　　　　　　　　　　　　　　　　　　　　　（　　　　　）
⑦京都府　　④沖縄県　　⑨愛媛県　　㋤岐阜県　　㋭北海道　　㋑東京都

ヒント　**1** 空間を使い方によって分類すると，個人生活の空間と共同生活の空間に分けられる。

2 快適な住環境

( )にあてはまる語句を答えよう。

1 健康的で心地良い住まい ▶▶①

□(1) ①( ) : 臭いはどうか。②( )は適切にできているか。
③( ) : 冷暖房に頼りすぎていないか。カビや④( )の問題はないか。
⑤( )はできていないか。②( )は適切にできているか。
音 : ⑥( )のトラブルはないか。
⑦( ) : ⑦( )ができているか。整理・⑧( )ができているか。
⑨( ) : ⑨( )が入るか。

□(2) 現代は⑩( )の高い住まいが増えている。⑪( )の効率が良い室内は汚れた空気がたまりやすい。

□(3) 室内の空気は，呼吸などによる⑫( )，暖房などによる水蒸気，カビや④( )，ほこり，ペットの毛などによって汚染される。ガス器具や石油ストーブなどの⑬( )によって発生する⑭( )は，わずかな量でも命に関わり，危険性が高い。

□(4) 室内の空気は，防虫剤や殺虫剤，建材や⑮( )に使用されている⑯( )や塗料，蚊取り線香やたばこの煙などに含まれる⑰( )によっても汚染される。このような汚染による体調不良などを，⑱( )症候群という。

2 安全・安心な住まい ▶▶②

□(1) 住まいの中で起こる事故を①( )という。年代によっては①( )で亡くなる人は交通事故で亡くなる人よりも多い。②( )はほかの世代と比べ，①( )で亡くなる人の割合が多い。

□(2) 0〜4歳の①( )では，異物を飲み込むなどが原因での③( )で亡くなる割合が大きい。一方，65歳以上では，④( )で亡くなる割合が大きい。

□(3) ①( )は，住まいと住まい方の⑤( )で防げるものも多い。床に置いたつまずきやすい物，⑥( )床，⑦( )のある場所など，住まいを⑧( )して対策を考えることが大切である。

□(4) 高齢者や障がいのある人などが生活するうえでの障壁がないことを⑨( )という。⑦( )をなくす，階段やトイレ，浴室，廊下などに⑩( )を付ける，などはその例である。また，誰もが使いやすく，安全なデザインを⑪( )という。

要点	健康で快適な住まいにするためにはいろいろな要素がある。室内空気の汚染源を知ることは重要である。また，家庭内事故の予防や対策についても理解しよう。

① 健康的で心地良い住まいについて，次の各問いに答えなさい。　▶▶ **1**

□(1) 次の文の①〜④に適切な語句を下の⑦〜⓪から選びなさい。

健康的で心地良い室内環境を作るためには，温度や①（　　　），適切な②（　　　）や風通し，明るさや③（　　　），④（　　　）などが大切である。

⑦光　　⑦音　　⑦湿度　　⑧換気

□(2) 空気中の一酸化炭素濃度の人体への影響について，次の文の①〜⑤にあてはまる数値を下の⑦〜⑦から選びなさい。

空気中の一酸化炭素濃度がわずか①（　　　）%でも，2，3時間その環境にいると，軽い頭痛が起こる。②（　　　）%になると2時間で失神し，③（　　　）%では2時間で死亡する。④（　　　）%になると，1〜3分で死亡する。

学校環境衛生基準では，一酸化炭素の濃度は⑤（　　　）以下とされている。

⑦0.001　　⑦0.01　　⑦0.02　　⑧0.08　　⑦0.16　　⑦0.64　　⑦1.28

② 安全・安心な住まいと住まい方について，次の各問いに答えなさい。　▶▶ **2**

□(1) 幼児と高齢者の特徴について，次の①〜⑨にあてはまる語句を下の⑦〜⑦から選びなさい。

幼児の特徴：何にでも①（　　　）を持ち，触ろうとする。

　　　　　　動きが②（　　　）で③（　　　）がない。

　　　　　　何でも④（　　　）に入れてしまう。視線が⑤（　　　）。

高齢者の特徴：⑥（　　　）の柔軟性がなくなり，⑦（　　　）になる。

　　　　　　⑧（　　　）に注意が向きにくい。⑨（　　　）が低下する。

⑦口　　⑦活発　　⑦関節　　⑧足元　　⑦注意力　　⑦視力　　⑦好奇心　　⑦すり足　　⑦低い

□(2) 急激な温度変化によって血圧が乱高下することで，心筋梗塞や脳梗塞などの病気を引き起こすことを何というか，次の⑦〜⑧から選びなさい。　　　　　（　　　）

⑦ヒートポンプ　　⑦ヒートショック　　⑦ヒートアイランド　　⑧ヒートガン

□(3) (2)が起こりやすい季節はいつと考えられるか答えなさい。　　　　　（　　　）

□(4) 家庭で(2)が起こりやすい場所を，次の⑦〜⑦から3つ選びなさい。　（　　　）

⑦居間　　⑦浴室　　⑦トイレ　　⑧台所　　⑦脱衣所

□(5) 記述 家庭で(2)を予防するためにできることを書きなさい。

（　　　　　　　　　　　　　　　　　　　　　　　　　　　　）

急激な温度変化をなくすにはどうすればいいかな。

ヒント ❶ (2)一酸化炭素濃度が0.64%になると10〜30分で死亡する。

3　災害に強い住まい

（　）にあてはまる語句を答えよう。

1 災害と住まい　▶▶❶

□(1) 日本は地震，津波，豪雨，火山噴火など，①（　　　　　　　　）が多い。防災，災害の被害をできるだけ小さくする②（　　　　　　　）を常に意識することが大切である。家庭では，食料や水の③（　　　　　　），④（　　　　　　　）の準備，⑤（　　　　　　）への対策をしておく。

□(2) 大規模な地震などに伴う停電が復旧するとき，破損した電気製品や電気配線が発火するなどして起こる火災を⑥（　　　　　　）という。

□(3) 住まいの中の地震対策。
- 重ねた家具はつないで⑦（　　　　　）し，柱や壁などに⑦（　　　　　　）する。
- つり下げ式の照明器具は，⑧（　　　　　　）などで⑦（　　　　　　）する。
- 天井と棚の隙間には，⑨（　　　　　　）を設置する。
- 避難の妨げにならないよう，⑩（　　　　　　）の近くに家具や物を置かない。
- ガラスには⑪（　　　　　　　　）を貼る。
- 避難用の⑫（　　　　　　）と非常用持ち出し袋は，手近なところに置いておく。
- 家具や本棚は⑬（　　　　　　）の上など寝る場所に倒れないような向きに配置する。
- 棚は，大きくて重いものを⑭（　　　　　　）に入れて，重心を⑮（　　　　　）する。

2 持続可能な住生活　▶▶❷

□(1) 次世代へとつながっていく①（　　　　　　　　）な社会の構築のために，住生活でもいろいろな工夫ができる。

□(2) 窓の外につるが伸びる植物を育てると，日光を遮り，②（　　　　　　）の上昇を抑えることができ，③（　　　　　　　）につながる。このような目的で育てた植物を④（　　　　　　）という。

□(3) 住まいに工夫をすることで，⑤（　　　　　　　　）に配慮することもできる。例えば，天井など高いところに⑥（　　　　　　）を設ければ，そこから⑦（　　　　　　）を採り入れることができ，電灯に頼らなくても明るく過ごすことができる。また，冬にも⑧（　　　　　　）過ごすことができる。

□(4) 私たちの住んでいる土地にあるものや，私たちの住まいの集合体が，⑨（　　　　　　）である。住まいや⑨（　　　　　）は，住む人にとって⑩（　　　　　　）で心地良いものでなければならない。住まいや⑨（　　　　　）の⑪（　　　　　　）を見付け，自分たちで改善していくことが大切である。

> **要点**　日頃から自然災害に備えて，防災用品を用意し，防災対策をしておくことが大切である。住まいを工夫することで持続可能な住生活を実現できる。

3 災害に強い住まい

❶ 災害への備えと住まいについて，次の各問いに答えなさい。　▶▶ **1**

□(1)　記述 下のA，Bの図は，寝室にベッドと本棚を配置した様子である。地震対策を考えたとき，適切でない配置をしているのはどちらか。記号を選び，理由も答えなさい。

A
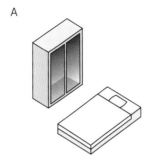

B
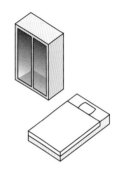

大きな揺れが起きたらどうなるだろう？

適切でないもの（　　　　　　）

理由（　　　　　　　　　　　　　　　　　　　　　　　　　　　　　　　　　　　）

□(2)　記述 災害時，避難所となった学校の体育館で，「プライバシーがない」との声が聞かれた。比較的簡単にできる対策にはどのようなものがあるか，1つ答えなさい。

（　　　　　　　　　　　　　　　　　　　　　　　　　　　　　　　　　　　　　　）

❷ 持続可能な住生活について，次の各問いに答えなさい。　▶▶ **2**

□(1)　次の①〜⑪にあてはまる語句を下の㋐〜㋛から選びなさい。

エネルギーや①（　　　　　　）を効率的に活用し，周囲の自然と②（　　　　　）し，③（　　　）で快適な居住環境を実現する住宅を④（　　　　　　）という。

下記は④（　　　　　）のイメージである。

生ごみ処理槽：生ごみは⑤（　　　　　）により分解して水に変える。

⑥（　　　　　）：温まった水を台所や風呂に使用することで電気やガスの使用量を抑える。

⑦（　　　　　）：家庭での電力に利用する。

風力発電：⑦（　　　　　）との併用で効率が上がる。

合併浄化槽：家庭のすべての⑧（　　　　　）を浄化処理し，⑧（　　　　　）の排水をなくす。

　　　　　　浄化処理した水は⑨（　　　　　）で利用し，余った水は⑩（　　　　　）に排水する。

雨水ピット：雨水を⑪（　　　　　）してためて，生活用水に利用する。

㋐健康　　㋑太陽熱温水　　㋒環境共生住宅　　㋓太陽光発電　　㋔トイレ　　㋕調和

㋖下水　　㋗汚水　　㋘ろ過　　㋙資源　　㋚バクテリア　　㋛二世帯住宅

□(2)　右の写真の海岸沿いの緑は，地域の安全のために設けられた林である。このような林の名称と目的を答えなさい。

名称（　　　　　　）

目的（　　　　　　　　　　　　　　　　）

❶ 住まいの役割と住空間について，次の各問いに答えなさい。 32点

- (1) 次の文の①〜④にあてはまる語句を書きなさい。

  住まいは熱さや寒さ，風雨などの①（　　　　　）から，私たちの生命と生活を守っている。また，休養などを通して安らぎと②（　　　　　）をもたらす。住まいで③（　　　　　）が育ち，④（　　　　　）が支え合う場ともなる。住空間は，住まいで行う生活行為によって分類することができる。

- (2) (1)の下線部に関し，右の図は生活行為によって住空間を分類したものである。A〜Eで行う生活行為を次の①〜⑤から，A〜Eにあてはまる空間を後の⑦〜⑦から選びなさい。

  ①食事　　②出入り　　③仕事
  ④調理　　⑤洗面
  ⑦台所　　⑦玄関　　⑦トイレ
  ⑦寝室　　⑦居間

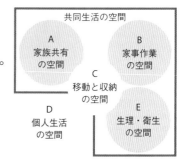

共同生活の空間

A 家族共有の空間
B 家事作業の空間
C 移動と収納の空間
D 個人生活の空間
E 生理・衛生の空間

❷ 住まいと気候風土との関わりについて，次の各問いに答えなさい。 22点

- (1) 次の①〜⑥の文が和式の住まいの特徴ならA，洋式の住まいの特徴ならBと書きなさい。
  ①引き戸が用いられる。　　　　　②開き戸が用いられ，気密性が高い。
  ③冬の寒さに対応して作られている。　④夏の暑さに対応して作られている。
  ⑤部屋を多目的に使うことができる。　⑥部屋の役割がはっきりしている。

- (2) 和式と洋式を組み合わせた空間の使い方を何というか答えなさい。

- (3) 次の①〜③の説明文は，日本各地の伝統的な住まいの例である。どの都道府県の住まいについて述べたものか，下の⑦〜⑦から選びなさい。
  ①雪下ろしの作業を軽減するため，急な傾斜の茅ぶきの屋根を持つ。合掌造りという。
  ②間口が狭く，奥に長い。通りから中庭に抜ける通り庭があり，風通しが良い。
  ③斜面に高く積み上げられた石垣が，台風や冬の風から民家を守る。
  ⑦岩手県　　⑦沖縄県　　⑦新潟県　　⑦岐阜県　　⑦愛媛県　　⑦京都府

❸ 安全で健康的な住まい，災害と住まいについて，次の各問いに答えなさい。

技 思 46点

- (1) 建材や家具などの塗料や接着剤に含まれる化学物質が原因で起こる体調不良を何というか答えなさい。

成績評価の観点　　技…技術・家庭での技能　　思…技術的・実践的な思考・判断・表現

□(2) ガス器具や石油ストーブなどの不完全燃焼により発生し，わずかな量でも重大な健康被害^{ひ がい}をもたらす気体は何か答えなさい。

□(3) 室内空気の汚染^{お せん}対策として最も重要なことを，漢字2文字で書きなさい。

□(4) 次の①〜④の図について，家庭内事故が起きないためにはどうすればよいか答えなさい。

□(5) 下のA，Bの図の①は高さ90cmの台所用収納家具^{しゅうのう}，②は高さ180cmの食器棚^{だな}である。地震^{じ しん}対策を考えたとき，2つの家具の置き方が適切でないのはどちらか。理由も答えなさい。

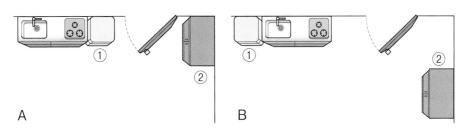

□(6) 災害時，避難所^{ひ なん}となった学校の体育館で，「硬い床で寝るので体が痛い」との声が聞かれた。比較的簡単にできる対策にはどのようなものがあるか答えなさい。

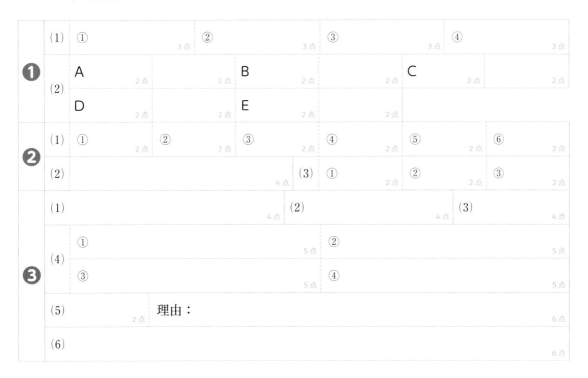

（　）にあてはまる語句や数字を答えよう。

1 消費生活と契約　▶▶❶

□(1)　お金を払って買うことを購入という。私たちが購入し，消費している① (　　　　　) は，食料品，衣料品など形のある② (　　　　　) と，通信や交通などの形のない③ (　　　　　) に分けられる。

□(2)　① (　　　　　) を購入して生活することを④ (　　　　　) という。

□(3)　法律によって保護された約束事を⑤ (　　　　　) という。① (　　　　　) の購入は，売買の⑤ (　　　　　) である。これは，消費者の買いたいという意思と，販売者の売りたいという意思があり，両者が⑥ (　　　　　) したときに成立する。

□(4)　売買の⑤ (　　　　　) が成立すると，消費者には代金を支払う⑦ (　　　　　) が，販売者には商品を渡す⑦ (　　　　　) が生じる。一方，消費者には商品を受け取る⑧ (　　　　　) が，販売者には代金を受け取る⑧ (　　　　　) が発生する。

□(5)　インターネットによる通信販売の場合，消費者がインターネット上で注文し，販売者からの承諾のメールが⑨ (　　　　　) に到着した時点で売買の⑤ (　　　　　) が成立する。

2 購入方法，支払方法，金銭の管理　▶▶❷

□(1)　商品の販売方法には，店で直接販売する① (　　　　　) と，通信販売や訪問販売のように店以外で販売する② (　　　　　) がある。

□(2)　支払いには次のような3つの支払い方法がある。
- ③ (　　　　　)：現金やデビッドカードによってその場で支払う。
- ④ (　　　　　)：⑤ (　　　　　) カードや商品券など，前もって買ったカードや券で支払う。交通系ICカードなどの⑥ (　　　　　) の普及が進んでいる。
- ⑦ (　　　　　)：⑧ (　　　　　) カードなどで支払って商品を先に手に入れ，期日までに支払う。支払いは一括または⑨ (　　　　　) で行う。

□(3)　私たちは，家族が得た⑩ (　　　　　) をさまざまな目的に⑪ (　　　　　) して生活を営んでいる。金銭の⑫ (　　　　　) を⑬ (　　　　　) 的に行い，収支の⑭ (　　　　　) がとれた消費生活を送ることを考えなければならない。

□(4)　2022年4月より，成年年齢が⑮ (　　　　　) 歳に引き下げられ，⑮ (　　　　　) 歳でクレジットカードを作って利用ができる。クレジットカードによる支払いは，消費者，販売者，⑯ (　　　　　) による⑰ (　　　　　) である。

要点	私たちは，お金を支払って商品を購入し，消費生活を送っている。商品の購入は，売買契約である。支払い方法には3つの種類があり，それぞれに特徴がある。

1 暮らしと消費

❶ **商品購入と売買契約について，次の各問いに答えなさい。** ▶▶ **1**

□(1) 下の⑦〜⊐を，①物資，と②サービス，に分けなさい。

①物資 (　　　　　　　　　)　　②サービス (　　　　　　　　　)

⑦食料品　　④クリーニング　　⑦医薬品　　④医療（いりょう）　　⑦習い事
⑦文房具（ぶんぼうぐ）　　④郵便　　⑦切手　　⑦衣料品　　⊐交通機関

□(2) 次の①〜④の文が正しければ○を，誤っていれば×を(　)に書きなさい。

①中学生は未成年なので，消費者ではない。　　　　　　　　　　(　　　　)
②美容院で髪（かみ）を切るのは契約にあたる。　　　　　　　　　　(　　　　)
③電車やバスは公共交通機関なので，利用は契約にはあたらない。(　　　　)
④契約は印鑑（いんかん）を押（お）すまで成立しない。　　　　　　　　　　(　　　　)

❷ **商品の購入と代金の支払いについて，次の各問いに答えなさい。** ▶▶ **2**

□(1) 下の⑦〜⊕のうち，無店舗販売（てんぽ）にあたるものを4つ選びなさい。(　　　　　　　　)

⑦コンビニエンスストア　　④通信販売　　⑦専門店　　④展示会販売
⑦移動販売　　⑦ショッピングセンター　　⊕自動販売機

□(2) 記述 店舗販売の特徴を1つ書きなさい。

(　　　　　　　　　　　　　　　　　　　　　　　　　　　　　　　)

□(3) 次の①〜⑥のうち，後払い（ばら）の特徴にあてはまるものを3つ選びなさい。(　　　　)

①事前に自分で入金額を設定できるので，使い過ぎを防げる。
②手持ちの現金や使用口座の残高がなくても，限度額までなら買い物ができる。
③使いすぎになりにくい。　　④使いすぎになりやすい。
⑤収入や年齢（ねんれい）によっては利用できない場合がある。
⑥会計後すぐに銀行口座から引き落とされるので，わかりやすい。

□(4) 右の図は，クレジットカードによる
購入の様子を表している。①〜⑦の
流れにあてはまるものを，下の⑦〜
⊕から選びなさい。

①(　　　　)　　②(　　　　)
③(　　　　)　　④(　　　　)
⑤(　　　　)　　⑥(　　　　)　　⑦(　　　　)

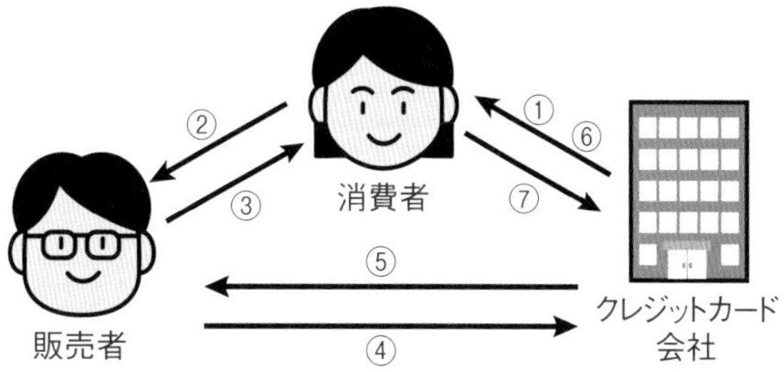

⑦商品の引き渡し（わた）　　④売上票送付　　⑦カード発行　　④代金の請求（せいきゅう）
⑦カードでの支払い（しはら）　　⑦立て替え払い（たかばら）　　⊕代金の支払い

ヒント　❷(3)(4) クレジットカードは，商品購入時に借金をして支払い，それを後払いで返済するという仕組みを
持つカードであり，デビットカードやプリペイドカードとは仕組みが異なる。

2　消費者トラブルと対策

（　）にあてはまる語句を答えよう。

1 消費者トラブルと悪質商法　▶▶❶

□(1) 無理に商品の購入をさせられるなど契約が正しく行われなかったり，商品によって健康や安全が脅かされたりするなど，消費生活で問題が起こることを①（　　　　　　　　）という。インターネットの普及や，現金を使わない②（　　　　　　　　）が進んだことで，中学生がトラブルに巻き込まれることもある。③（　　　　　　　　）ゲームなどにも注意が必要。

□(2) 消費者をだましたり脅したりして，冷静な判断ができないようにして販売するなどの悪質な方法による売り方を④（　　　　　　）という。

□(3) ①（　　　　　）の防止のポイント
・消費者トラブルについての⑤（　　　　　　）を収集する。
・街の中でキャッチセールスに声を掛けられても⑥（　　　　　　）。
・契約していない商品について⑦（　　　　　　）のはがきやメールが来ても無視する。
・要らないときには「⑧（　　　　　　）」とはっきり断る。
・名前，住所，電話番号などの⑨（　　　　　　）を不用意に教えない。

2 消費者のための法律，制度，相談機関　▶▶❷

□(1) 消費者は事業者に比べて，商品や法律に関する①（　　　　　　）や知識が少ないため，トラブルが起きたときの立場は②（　　　　　　）。そこで，消費者を守るために，さまざまな法律が定められている。

□(2) 消費者のための法律と制度
・③（　　　　　　）法：消費者と事業者との間に結ばれるすべての契約に適用される。悪質商法など不当な契約条項を無効にできる。
・④（　　　　　　）法：PL法。製品の欠陥による被害について，製造者の過失の有無にかかわらず，消費者は製造者に損害賠償責任を問うことができる。
・⑤（　　　　　　）制度：訪問販売など特定の契約について，一定期間内に⑥（　　　　　　）で通知すれば契約を解除することができる制度。
・⑦（　　　　　　）法：訪問販売などによる消費者トラブルを防ぐため，不当行為の禁止，⑤（　　　　　　）制度などについて定めている。

□(3) 消費者のための相談機関には，⑧（　　　　　）庁，⑨（　　　　　）センター，⑩（　　　　　）センターなどがある。

要点　消費者トラブルを未然に防ぎ，悪質商法に巻き込まれないために事例や対策について知ろう。消費者を守るための法律や制度，相談機関についても確認しよう。

2 消費者トラブルと対策

❶ 消費者トラブルと悪質商法について，次の各問いに答えなさい。　▶▶ **1**

□(1)　次の①〜⑥の悪質商法についての説明で，あてはまるものを下の⑦〜⑩から選びなさい。

①家庭や職場などを訪問し，無理に商品の購入や契約をさせる。　（　　）

②電話などで約束して喫茶店や営業所などに呼び出し，商品を購入させる。　（　　）

③街で消費者に声を掛け，喫茶店や営業所などに連れ込み，商品を購入させる。（　　）

④閉めきった会場に人を集め，雰囲気を盛り上げて高額な商品を購入させる。　（　　）

⑤販売業者や銀行などになりすまし，メールを送ったりホームページに接続させたりして個人情報を盗み出す。　（　　）

⑥「景品が当たった」などと言って喜ばせ，商品を購入させるなどする。　（　　）

⑦フィッシング詐欺　　　⑦催眠商法(SF商法)　　　⑦アポイントメントセールス

⑤悪質な訪問販売　　　⑥当選商法　　　⑩キャッチセールス

□(2)　消費者トラブルの防止について，次の①〜④の文の下線部が正しければ○を，誤っていれば×を（　）に書きなさい。

①消費者トラブルについての情報を収集する。　（　　）

②キャッチセールスに声を掛けられたら，商品が不要な理由をきちんと説明する。

（　　）

③販売員を怒らせないよう，要らないときには「けっこうです」とやんわりと断る。

（　　）

④個人情報を不用意に教えない。　（　　）

❷ クーリング・オフ制度について，次の各問いに答えなさい。　▶▶ **2**

□(1)　次の①，②の場合，クーリング・オフ制度に基づき契約を解除できるのは，8日間，20日間のどちらかを答えなさい。

①訪問販売，キャッチセールス，アポイントメントセールス，電話勧誘販売，継続して受けるサービス，訪問購入　（　　　　　）日間

②マルチ商法，内職やモニターでお金を得ることを目的にした商品の販売

（　　　　　）日間

□(2)　次の①〜④のうち，定められた期間内でもクーリング・オフ制度による契約解除ができないものはどれか，2つ選びなさい。　（　　　　　）

①訪問販売で購入した化粧品を家で試したが，肌に合わなかったので返品したい。

②販売店からの戸別訪問で新聞を翌月から購読する契約をしたが，取り消したい。

③街頭で声を掛けられ，2,980円の商品を現金で買ったが，不要だった。

④語学教室に申し込んだが，申し込みを取り消したい。

（　）にあてはまる語句や数字を答えよう。

1 適切な商品の選択と購入　▶▶❶

□(1)　商品を購入するときには，購入の①（　　　）を確認する。そのとき，本当に必要なもの（②（　　　））とほしいもの（③（　　　））を分けて考える。

□(2)　目的に合った商品を購入するためには，④（　　　）を集め，整理する必要がある。商品についている表示や⑤（　　　）の意味も理解しておく。

□(3)　商品を選ぶときのポイント
- ●品質・⑥（　　　）：品質，機能，衛生面など。
- ●⑦（　　　）：品質や使用目的から見て適切か，予算との比較など。
- ●保証・⑧（　　　）：保証書や取り扱い説明書，保証期間，購入後の点検や修理などのサービスなど。
- ●⑨（　　　）：資源やエネルギーの節約になるか，処分するときはどうか。

□(4)　商品についている次の⑩〜⑭のマークの名称。
⑩（　　　）⑪（　　　）⑫（　　　）⑬（　　　）⑭（　　　）

2 消費者の権利と責任　▶▶❷

□(1)　消費者団体の国際連絡組織である①（　　　）（CI）は，消費者の②（　　　）つの権利と5つの③（　　　）を挙げている。

□(2)　国の消費者政策の基本となる事項を定めた法律を④（　　　）という。④（　　　）は，消費者の権利の尊重と消費者の⑤（　　　）を基本理念としている。国や地方公共団体，事業者が果たすべき責務を示すと同時に，消費者にも⑥（　　　）な行動をするよう求めている。

□(3)　消費者の②（　　　）つの権利には，危険な商品の製造や販売から守られる権利である「⑦（　　　）権利」，必要な情報が得られる権利である「⑧（　　　）権利」，満足できる品質，公正な価格で商品を自由に選ぶ権利である「⑨（　　　）権利」，消費者の意見を基に消費者の利益を考えた政策・商品開発が行われる権利である「⑩（　　　）が反映される権利」などがある。

要点　商品を購入するときには，ニーズとウォンツを分けて考える。商品に付いている表示やマークには，商品選択に役立つ情報がある。消費者には権利と責任がある。

❶ 適切な商品の選択と購入について，次の問いに答えなさい。　▶▶ **1**

□　次のA～Dのマークはどのような商品に付けられるか，下の㋐～㋕から選びなさい。
　　A（　　　）　　B（　　　）　　C（　　　）　　D（　　　）

㋐日本産業規格に適合する製品。　　㋑消費生活用製品安全法の基準を満たす製品。
㋒古紙を40％以上使った製品。　　㋓電気用品安全法の基準を満たす製品。
㋔間伐材を用いた製品。　　㋕製品安全協会が認定した商品。

❷ 消費者の権利と責任について，次の各問いに答えなさい。　▶▶ **2**

□(1)　次の表は，消費者の8つの権利と5つの責任を挙げたものである。①～⑨にあてはまる語句を，下の㋐～㋝からそれぞれ選びなさい。

㋐安心　　㋑補償　　㋒好み
㋓批判的　　㋔高齢者
㋕行動する　　㋖意見
㋗安全　　㋘健全な環境
㋙教育　　㋚社会的弱者
㋛好意的　　㋜要求する
㋝欲求　　㋞基本的ニーズ

8つの権利	A	①（　　　）を求める権利
	B	知らされる権利
	C	選択する権利
	D	②（　　　）が反映される権利
	E	③（　　　）を受ける権利
	F	消費者④（　　　）を受ける権利
	G	生活の⑤（　　　）が満たされる権利
	H	⑥（　　　）を享受する権利
5つの責任	a	⑦（　　　）意識を持つ責任
	b	主張し⑧（　　　）責任
	c	連帯する責任
	d	環境への配慮をする責任
	e	⑨（　　　）に配慮する責任

□(2)　(1)の消費者の8つの権利と5つの責任を挙げた組織の名称を答えなさい。
　　　　　　　　　　　　　　　　　　　　　（　　　　　　　　　　　）

□(3)　消費者の権利の尊重と自立支援を基本理念に掲げた法律は何か答えなさい。
　　　　　　　　　　　　　　　　　　　　　（　　　　　　　　　　　）

ミスに注意　❶ 品質や安全性について規格や基準に適しているもの，環境に配慮しているもの，福祉に配慮を求めるものなど，さまざまなマークがある。

ヒント　❷ (2)消費者団体の国際連絡組織。

4 持続可能な社会と消費

( )にあてはまる語句を答えよう。

1 エネルギー消費と持続可能な社会 ▶▶①

□(1) 石油，石炭，天然ガスなどを ①( )という。①( )から作られる電気やガスなどの ②( )を消費することで，私たちの生活は成り立っている。

□(2) ①( )を燃焼するときには，③( )の原因物質の１つとされる ④( )が排出される。このため，②( )の消費を減らし，太陽光，風力，水力などの繰り返し利用できる ⑤( )の利用を進めることが重要となる。

□(3) 先進国では，物を大量に消費し，⑥( )している。このような生活はさまざまな環境問題を引き起こす。⑥( )されたものの処理にも，多くの ②( )が費やされる。

□(4) 限りある資源をできるだけ循環させて利用する社会を ⑦( )といい，このような社会を推進するための取り組みに，３Ｒがある。３Ｒとは，⑧( )（発生抑制），⑨( )（再使用），⑩( )（再生利用）のことである。これに ⑪( )（断る）や ⑫( )（修理する）を加えた５Ｒという取り組みもある。

2 持続可能な消費生活 ▶▶②

□(1) 「買い物は ①( )」という言葉がある。ある商品を買うということは，その商品の生産者や販売者を ②( )することを意味している。良い商品を買い，問題のある商品は買わない，つまり良い商品に ①( )し，問題のある商品に ①( )しないことで，商品や事業者の姿勢の改善をすることができる。

□(2) 2015年に国連で，より良い将来を実現するためのアジェンダ2030が採択された。これに掲載されているのが，「③( )な開発目標」（④( )）であり，国際社会が ③( )な社会を実現させるための17の目標が設定されている。

□(3) ④( )の12番目の目標は，生産者や ⑤( )として ⑥( )，人，社会に ⑦( )した商品を提供する ⑧( )と，消費者としてそのような商品を選ぶ ⑧( )についての目標となっている。

□(4) 今後は個人の満足だけでなく，人，社会，⑥( )，⑨( )など，多面的に配慮した倫理的な消費をすることが求められる。このような倫理的な消費のことを ⑩( )という。

□(5) 自立した消費者として自分たちにできることを積極的に行う社会を ⑪( )社会という。このような社会の実現に向けた実践が重要である。

| 要点 | 私たちの生活は，化石燃料を燃焼することで作られるエネルギーを消費して成り立っているが，将来にわたって持続可能な社会を実現するような消費生活が求められる。 |

4 持続可能な社会と消費

1 エネルギー消費と持続可能な社会について，次の各問いに答えなさい。　▶▶ **1**

□(1) 省エネルギーに関する次の①〜⑦の文が正しければ○を，誤っていれば×を（　）に書きなさい。

①夏の冷房設定温度は，25℃を目安にする。　　　　　　　　（　　　）

②冬の暖房設定温度は，20℃を目安にする。　　　　　　　　（　　　）

③水道水を使うときにはエネルギーを消費しないので，節水をしても省エネルギーにはつながらない。　　　　　　　　　　　　　　　　　　　　（　　　）

④長期間留守にするときには，機器の主電源を消す。　　　　（　　　）

⑤冷蔵庫には食品をたくさん詰めて効率よく冷やす。　　　　（　　　）

⑥洗濯物はまとめて洗う。　　　　　　　　　　　　　　　　（　　　）

⑦ごみ処理にも多くのエネルギーが使われる。　　　　　　　（　　　）

□(2) 右の図の①〜⑤にあてはまる語句を書きなさい。

①（　　　　　）　　②（　　　　　）

③（　　　　　）　　④（　　　　　）

⑤（　　　　　）

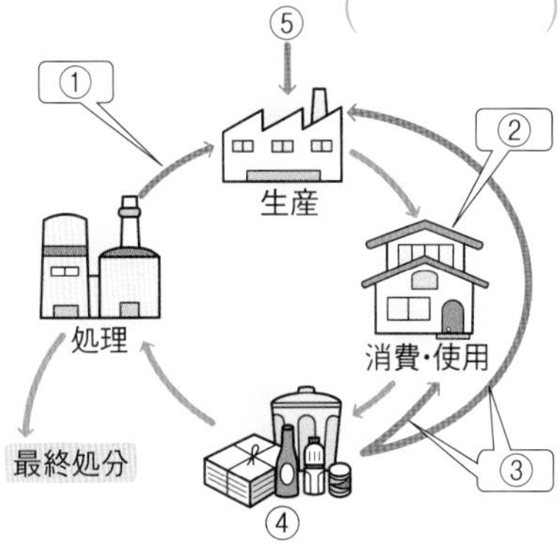

□(3) 右の図のような社会を何というか答えなさい。

（　　　　　　　　　　　　）

生産
消費・使用
処理
最終処分

2 持続可能な消費生活について，次の各問いに答えなさい。　▶▶ **2**

□(1) 記述 「買い物は投票」という言葉はどのようなことを表すか。「生産者」「販売者」「1票」という言葉を用いて説明しなさい。

（　　　　　　　　　　　　　　　　　　　　　　　　　　　　　　　　　　　　　　　）

□(2) 2015年に国連で採択されたSDGsを日本語で何というか答えなさい。

（　　　　　　　　　　　　）

□(3) 次の①〜③はエシカル消費に関する文である。それぞれ何というか下の⑦〜㋑から選びなさい。

①地域でとれた食材をその地域で消費すること。　　　　　　（　　　）

②開発途上国の原料や製品を，適正な価格で継続的に購入すること。　　（　　　）

③適切な農地で農薬や肥料の基準を守って育てられた綿花を使い，全製造工程を通して環境に配慮し，社会規範を守って作られた製品。　　（　　　）

⑦フェアトレード　　㋑オーガニックコットン製品　　㋒地産地消　　㋓グリーン購入

私たちの消費生活と環境

時間 30分 ／100点 合格 70点 解答 p.18

❶ 商品の売買について，次の各問いに答えなさい。思

43 点

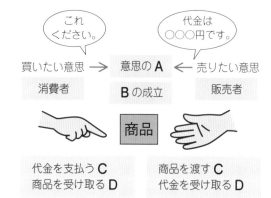

これ ください。

代金は ○○○円です。

買いたい意思 → 意思の **A** ← 売りたい意思

消費者　　　　**B** の成立　　　　販売者

商品

代金を支払う **C**
商品を受け取る **D**

商品を渡す **C**
代金を受け取る **D**

□(1) 右の図は，商品の売買について表している。A〜Dにあてはまる語句を答えなさい。

□(2) 次の①〜③の代金の支払い方法をそれぞれ何というか答えなさい。
　①あらかじめ購入した券などを現金の代わりに使う。
　②商品と引き換えに，その場で代金を支払う。
　③商品を先に手に入れ，期日までに支払う。

□(3) (2)の①〜③にあてはまるものを，次の㋐〜㋕から2つずつ選びなさい。
　㋐デビットカード　　㋑クレジットカード　　㋒商品券　　㋓現金
　㋔使いすぎる心配がある　　㋕現金を用意しなくて済み，また，使いすぎを防げる。

□(4) 私たちが購入する商品は，物資とサービスに分けられる。次の㋐〜㋔のうちサービスにあたるものをすべて選びなさい。
　㋐本屋さんで参考書を買った。　　㋑水泳教室に行った。　　㋒電車に乗った。
　㋓昼ごはんのお弁当を買った。　　㋔電気屋さんに掃除機を修理してもらった。

❷ 消費者トラブルとその対策について，次の各問いに答えなさい。

16 点

□(1) 次の①〜④は何という悪質商法の例か，下の㋐〜㋖から選びなさい。
　①家に来た販売員が帰ってくれず，強引に健康食品を買わされた。
　②街頭で声を掛けられてギャラリーに案内され，高額な絵画を契約させられた。
　③業者に「シロアリで家が傾いている」と言われ，対策をしてもらったら，「思った以上に被害がひどかった」と，見積もりよりはるかに高額な工事代金を請求された。
　④街頭で無料の商品券をもらったので会場に行くと，大勢の人がいた。司会者の話術に会場が盛り上がっていき，雰囲気にのまれて高額な商品を契約してしまった。
　㋐キャッチセールス　　㋑当選商法　　㋒悪質な訪問販売　　㋓催眠商法
　㋔点検商法　　㋕アポイントメントセールス　　㋖デート商法

□(2) 特定の取引に対し，一定期間内であれば消費者からの契約解除を認める制度を何というか。

□(3) (2)の制度では，消費者はどのような形で契約解除の通知をする必要があるか。

　成績評価の観点　技…技術・家庭での技能　思…技術的・実践的な思考・判断・表現

❸ 循環型社会について，次の各問いに答えなさい。 思　　32点

□(1)　右の図の①〜③は，３R（スリーアール）のうちのどれかである。あてはまるものを，それぞれカタカナで答えなさい。

□(2)　(1)以外の２つのRの取り組みは何か，カタカナで答えなさい。

□(3)　図の②について，あなたができる取り組みを２つ挙げなさい。

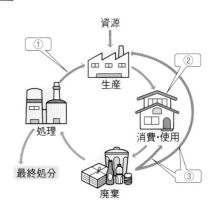

❹ 表のA〜Eに示された消費者の責任について，次の問いに答えなさい。　　9点

□　次の①〜③は，表のどの責任を果たすことになるか答えなさい。
①エコマークの付いている商品を選ぶ。
②広告の宣伝文句が本当か調べる。
③フェアトレードの菓子を買う。

A	批判的意識を持つ責任
B	主張し行動する責任
C	連帯する責任
D	環境（かんきょう）への配慮（はいりょ）をする責任
E	社会的弱者に配慮する責任

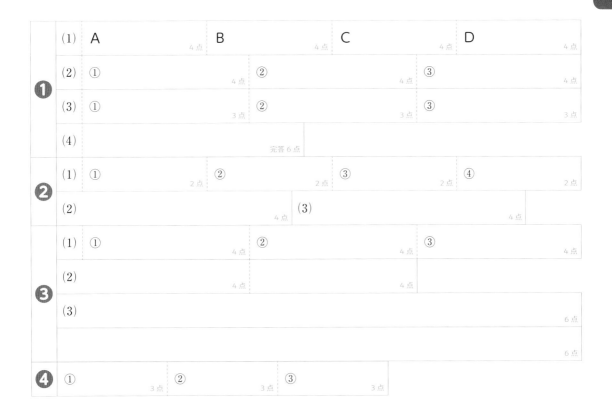

定期テスト　予報　商品の売買契約（けいやく）とその方法，悪質商法などについては具体例も含め（ふくめ）整理しましょう。今回の問題のほか，消費者の８つの権利，商品のマークも重要です。

1　家族・家庭の働き／家族と地域

（　）にあてはまる語句を答えよう。

1 家族・家庭の基本的な機能　▶▶❶

□(1)　家族・家庭の基本的な機能の例

・衣食住などの ①（　　　　　　）を営む機能。

・子どもを ②（　　　　　　）機能。

・心の ③（　　　　　）を得るなど ④（　　　　　　）的な機能。

・収入を得るなどの ⑤（　　　　　）的な機能。

・若い世代に ⑥（　　　　　）を継承する機能。

□(2)　家族の ⑦（　　　　　　）や ①（　　　　　　）の仕方などはさまざまだが，家庭は家族の ①（　　　　　）の場であり，家族が健康で ⑧（　　　　　　）に暮らすために大切な役割を持っている。家族・家庭の機能は家族・家庭ごとに異なり，同じ家族・家庭であっても ⑨（　　　　　）により違う。

家庭での活動を考えよう。

2 家庭の仕事と自立　▶▶❶

□(1)　自立するためには，①（　　　　　　）のことを自分で行い，自分自身で ②（　　　　　）を持って行動できるようになる必要がある。家族や ③（　　　　　）な人のために行動できるようになることも求められる。

□(2)　家族の生活を支える家庭の ④（　　　　　）には，⑤（　　　　　）の営みに関するさまざまなものがある。こうした ④（　　　　　）は家族で ⑥（　　　　　）して行うだけでなく，⑦（　　　　　）や自治体，企業などにも支えられている。

□(3)　自分が周りの人に助けられたり，周りの人を助けたりして ⑧（　　　　　）し合うこと，主体的に ⑨（　　　　　）し，互いに支え合って生活していくことが，⑦（　　　　　）や ⑩（　　　　　）の一員として自立することにつながる。

3 家庭生活と地域との関わり　▶▶❷

□(1)　地域には，さまざまな立場や ①（　　　　　　）の人が住み，日頃の付き合いの中で，挨拶したり相談し合ったり，困ったときには助け合ったりして暮らしている。

□(2)　地域では，②（　　　　　）美化や ③（　　　　　），伝統的な行事，交流会などさまざまな活動が行われる。町内会や ④（　　　　　），子ども会など，中学生にも活躍が期待される場がある。自分ができることを考えてみることが大切である。

> **要点**　家族・家庭の基本的な機能や家庭の仕事には，さまざまなものがある。また，家庭は地域の人々とも関わっている。協力・協働することの大切さを理解しよう。

1　家族・家庭の働き／家族と地域

① 家族・家庭の機能，家庭の仕事と自立について，次の各問いに答えなさい。　▶▶ **1 2**

□(1)　記述 家族・家庭の基本的な機能を２つ書きなさい。
（　　　　　　　　　　　　　　　）（　　　　　　　　　　　　　　　）

□(2)　記述 家庭生活は，地域や社会などにも支えられている。次の①〜⑤に関係のある家庭の仕事について，家庭の外の地域や社会に支えられている例を，それぞれ２つずつ書きなさい。
①食べる　　　（　　　　　　　　　　　）（　　　　　　　　　　　）
②着る　　　　（　　　　　　　　　　　）（　　　　　　　　　　　）
③住む　　　　（　　　　　　　　　　　）（　　　　　　　　　　　）
④子育てをする（　　　　　　　　　　　）（　　　　　　　　　　　）
⑤介護_{かいご}をする（　　　　　　　　　　　）（　　　　　　　　　　　）

□(3)　次の①〜⑤の文が正しければ○を，誤っていれば×を（　）に書きなさい。
①まだ中学生なので，家族の大人には頼_{たよ}って助けてもらうだけでよい。　（　　　）
②周りの人と助け合い，主体的に協働することが自立につながる。　（　　　）
③自分でできる仕事を責任を持って分担することで，家族や身近な人との信頼関係が深まる。　（　　　）
④家族・家庭の基本的な機能は，どの家族・家庭でも同じように果たされるべきである。
（　　　）
⑤中学生は勉強や部活動などに忙_{いそが}しいので，地域と関わる仕事は家族・家庭の大人に任_{まか}せる方がよい。　（　　　）

② 家庭生活と地域との関わりについて，次の各問いに答えなさい。　▶▶ **3**

□(1)　次の①〜③の絵は，地域の人が支え合って活動する様子である。地域に住んでいるどのような人との活動の様子か，それぞれ書きなさい。

①（　　　　　　　　　　　）　②（　　　　　　　　　　　）　③（　　　　　　　　　　　）

□(2)　次の①〜⑤から，地域の活動を担_{にな}っている団体を３つ選びなさい。　（　　　　　　　　）
①自治会　　②消費生活センター　　③町内会　　④子ども会　　⑤消費者庁

2　幼児の発達

（　）にあてはまる語句を答えよう。

1 幼児の体の発達　▶▶❶

□(1)　子どもの発達
- ①（　　　　　　　）期：出生から1歳になるまで。①（　　　　　　　）期のうち出生からの4週間を②（　　　　　　　）期という。
- ③（　　　　　　　）期：1歳から小学校入学まで。
- ④（　　　　　　　）期：小学校入学から卒業まで。

□(2)　③（　　　　　　　）期は⑤（　　　　　　　）の発達が著しいが，子どもの成長には⑥（　　　　　　　）や⑦（　　　　　　　）がある。このことに気づき，③（　　　　　　　）が自ら育とうとする力を支える必要がある。

□(3)　③（　　　　　　　）は腕や脚が⑧（　　　　　　　），身長に対して頭が⑨（　　　　　　　）。そのため，③（　　　　　　　）期は⑩（　　　　　　　）したり⑪（　　　　　　　）したりしやすい。

□(4)　体や運動機能の発達には，一定の⑫（　　　　　　　）性と⑬（　　　　　　　）性がある。運動機能が発達すると⑭（　　　　　　　）が広がって⑮（　　　　　　　）が刺激され，⑮（　　　　　　　）によって運動機能が刺激されるというように，相互に発達する。

□(5)　③（　　　　　　　）の生理的機能については，成人と比べて呼吸数，脈拍数が⑯（　　　　　　　），体温が⑰（　　　　　　　）。体温を調節する機能が未熟で汗をかきやすい。多くの⑱（　　　　　　　）時間が必要である。

2 幼児の心の発達　▶▶❷

□(1)　幼児は心の発達も著しい。
- ①（　　　　　　　）の発達：個人差は大きいが，2歳頃から目覚ましい発達を見せる。4歳頃には活発に質問し，日常会話もスムーズになる。
- ②（　　　　　　　）の発達：周囲の感じ方も自分と同じというように，自分を中心に物事をとらえ，物などにも心があると考える時期がある。
- ③（　　　　　　　）の発達：年齢が低いほど③（　　　　　　　）の表現は率直で激しいが，心の発達とともに安定する。
- ④（　　　　　　　）の発達：家族などとの温かい触れ合いで育まれる愛情や信頼感を基に，遊びなどで友達と相互に関わる中で④（　　　　　　　）を身に付けていく。

□(2)　心の発達には，家族などへの⑤（　　　　　　　）が重要。心を軸に⑥（　　　　　　　）心が芽生え，⑦（　　　　　　　）心が身に付き，コミュニケーション力も育つ。

| 要点 | 幼児期は体や心の発達が著しいが，発達には個性や個人差がある。自立心や自律心が芽生える時期でもある。心の発達には家族などへの信頼感が重要である。 |

2 幼児の発達

① **幼児の体の発達について，次の各問いに答えなさい。** ▶▶ **1**

□(1) 幼児の体や運動機能の発達の方向と順序について，次の文の①〜⑤にあてはまる語句を書きなさい。

①（　　　　　　）が据わって頭部を支える。背骨や②（　　　　　　）がしっかりすると③（　　　　　　）ができ，伝い歩き，一人歩きができるようになる。腕全体から次第に④（　　　　　　）に向かって発達し，⑤（　　　　　　）を器用に使うことができるようになる。

□(2) 手先の運動機能の発達について，次の①〜④を発達順に並べ替えなさい。

①クレヨンを使う　②鉛筆を使う　③物をつかむ　④はさみを使う

（　　　　→　　　　→　　　　→　　　　）

□(3) 次の表は，乳幼児期の身長と体重の平均を表している。①〜④にあてはまるものを，下の⑦〜⑫から選びなさい。

⑦約60cm　　⑦約70cm　　⑦約75cm
⑤約80cm　　⑦約90cm　　⑦約100cm
⑦約6kg　　⑦約9kg　　⑦約12kg
⑦約15kg　　⑦約18kg　　⑫約21kg

身長	時期	体重
約50cm	生まれたとき	約3kg
①（　　）	1歳	②（　　）
③（　　）	4歳	④（　　）

□(4) 生理的機能について，呼吸数と脈拍数は発達に伴いどのようになるか。（　　　　　　）

② **幼児の心の発達について，次の各問いに答えなさい。** ▶▶ **2**

□(1) 幼児が自分で服を着たり脱いだり，排せつしたり，友達と遊ぶ中で自分で判断して行動したりするなど，自分の力で生活できることを何というか。（　　　　　　）

□(2) 自分が欲しいものやしたいことに対する欲求があっても，場面に応じて感情や行動をコントロールすることを何というか。（　　　　　　）

□(3) 幼児は2歳頃から自我が芽生え，自分でできることも増える一方で，気持ちを上手に表現することができない。何でも自分ですると言い張ったり，思いが理解されないと泣き叫んだりすることもある。このような時期を何というか。（　　　　　　）

□(4) 次の①〜⑤の文が正しければ○を，誤っていれば×を（　　）に書きなさい。

①幼児に自我が芽生え，自己主張が強くなる時期には，社会性が育つよう，厳しくしつけるほうがよい。（　　）

②4歳頃には活発に質問し，日常会話もスムーズになる。（　　）

③3，4歳頃までには大人の持っている情緒がほぼ現れてくる。（　　）

④言葉や認知，情緒，社会性などはそれぞれ独立して発達する。（　　）

⑤幼児期は，生命のないものにも自分同様，命や意識があると考える。（　　）

ミスに注意 **②** (1)(2)同じ読み方なので漢字の間違いに注意する。

3　幼児の生活と遊び

（　）にあてはまる語句を答えよう。

1 幼児の生活と生活習慣　▶▶❶

□(1)　幼児の1日の中心は ①（　　　　　　　）であり，そこからさまざまなことを学ぶ。

□(2)　幼児の1日の過ごし方は年齢によって異なる。1歳児では ②（　　　　　　　）の時間が必要だが，体力のついてくる5歳児では ②（　　　　　　　）が減り，睡眠時間も短くなる。

□(3)　幼児は胃が小さいので，一度にたくさんの食事をとることができない。このため，食事の一部として ③（　　　　　　　）をとる。③（　　　　　　　）は食事で不足しがちな ④（　　　　　　　）を摂取でき，⑤（　　　　　　　）となるような軽食がよい。

□(4)　生きていく上で必要であり，毎日，繰り返し行っていることを ⑥（　　　　　　　）という。食事，⑦（　　　　　　　），排せつ，着脱衣，清潔などがこれにあたり，⑧（　　　　　　　）的で自立した生活の基礎となる。

□(5)　社会的な約束やマナーに関する生活習慣を ⑨（　　　　　　　）という。挨拶や言葉遣い，公共の場や用具を使うときの態度，安全のルールを守るなどがこれにあたる。

□(6)　幼児期は，生活習慣を身に付ける大切な時期である。⑩（　　　　　　　）を通して習得し，自信を持つことが大切であり，家族や周囲の人は，幼児の心身の発達に合った配慮や⑪（　　　　　　　）をし，⑫（　　　　　　　）を示す必要がある。

2 幼児の生活と遊び　▶▶❷

□(1)　幼児の心身の成長や ①（　　　　　　　）には，遊びが欠かせない。遊び自体が楽しいと思える中に ②（　　　　　　　）があることが大切で，遊びは何かを習得するための ③（　　　　　　　）ではない。幼児の遊びは ④（　　　　　　　）の基礎になる。

□(2)　幼児は ⑤（　　　　　　　）が旺盛で，新しいものに触れたり，探検や冒険をしたりするのが大好きである。また，暗いところや ⑥（　　　　　　　）ところ，隠れ家のような場所も好む。

□(3)　⑦（　　　　　　　）は幼児の遊びを豊かにする。興味や ⑤（　　　　　　　）を満たし，想像力を広げ，友達と ⑧（　　　　　　　）して関わりを深めたりする。

□(4)　⑨（　　　　　　　）や紙芝居，音楽，人形劇などによっても，幼児の世界は豊かなものになる。⑨（　　　　　　　）は字が読めなくても楽しめ，言葉や ⑩（　　　　　　　）の発達を促す。発達段階に応じたものを選び，幼児のペースでいっしょに楽しむようにする。

□(5)　昔から，年長児から ⑪（　　　　　　　）へ，大人から子どもへと受け継がれてきた遊びを⑫（　　　　　　　）という。遊びという形で文化を継承していると言える。

> **要点**　幼児の1日の生活は，遊びが中心である。遊びを通して体と心が総合的に発達する。幼児期は基本的生活習慣や社会的生活習慣を習得する時期でもある。

1 幼児の生活と生活習慣について，次の各問いに答えなさい。　　　　▶▶ **1**

□(1) [記述] 幼児の間食にはどのような役割があるか，「食事」「不足」「栄養素」「エネルギー」という語句を使って書きなさい。

（　　　　　　　　　　　　　　　　　　　　　　　　　　　　　　　）

□(2) 次の①～⑤の絵は，生きていくうえで必要な，毎日行っている習慣である。このような習慣を何というか答えなさい。　　　　（　　　　　　　　　　）

□(3) (2)の①～⑤の習慣をそれぞれ何というか答えなさい。

①（　　　　　　　）　　②（　　　　　　　）　　③（　　　　　　　）

④（　　　　　　　）　　⑤（　　　　　　　）

□(4) 社会的生活習慣の例を2つ書きなさい。

（　　　　　　　　　　　　　　　　）（　　　　　　　　　　　　　　　　）

2 幼児の遊びについて，次の各問いに答えなさい。　　　　▶▶ **2**

□(1) 幼児の遊び方は，発達とともに変化していく。次の①～④を，年齢の低い順に並べなさい。

①友達のそばで同じことをして遊ぶ。　　　②少数の友達といっしょに遊ぶ。

③一人で遊んだり大人と遊んだりする。　　④大勢の友達と協力して遊ぶ。

（　　　　　→　　　　　→　　　　　→　　　　　）

□(2) 遊びの環境について，次の①～④に適切な語句を書きなさい。

遊びの環境には，^①（　　　　　　　）で安心であることが必要である。また，^②（　　　　　　）や見守る^③（　　　　　）など，人との^④（　　　　　　）があることも大切である。

□(3) おもちゃについて次の①～④の文が正しければ○を，誤っていれば×を（　）に書きなさい。

①体や心の発達にふさわしいものを選ぶ。　　　　　　　　　　　（　　　）

②色や形が美しく，安全なものであれば，壊れやすくてもよい。　（　　　）

③幼児の扱いやすい大きさで，種類や数が十分にあるとよい。　（　　　）

④スマートフォンでは，楽しく遊べるものを幼児自身が見付けることができるので，長い時間，スマートフォンで遊んでいてもかまわない。　　　　　　（　　　）

ヒント　**2** (3) おもちゃは幼児の想像力を広げ，遊びを豊かにしてくれるものであり，よいおもちゃとは，安全で，幼児自身で遊びを工夫したり発展させられたりできるものである。

（　）にあてはまる語句や数字を答えよう。

1 幼児との関わり　▶▶ ❶

- □(1)　幼児期には，それぞれの①（　　　　　　）や個人差が見えやすい。幼児と触れ合うときには，一人一人の②（　　　　　　）を発見するつもりで接する。
- □(2)　保育所や幼稚園，③（　　　　　　），地域の④（　　　　　　）センターなどを訪ねたり，幼児を中学校に招いたりすることで，幼児との触れ合い体験ができる。
- □(3)　触れ合い体験前には，⑤（　　　　　　）の課題を決めて，計画を立てる。
- □(4)　体験時には，幼児の⑥（　　　　　　）や環境に配慮し，⑦（　　　　　　）を守って，明るく⑧（　　　　　　）に関わる。安全面や⑨（　　　　　　）面にも配慮する。

2 子どもと家族，子どもを守る条約や法律　▶▶ ❷ ❸

- □(1)　家族・家庭の機能の1つに，子どもを育てる機能がある。子どもが社会の一員として①（　　　　　　）するために子どもの②（　　　　　　）の発達を支えることは，家族の大切な役割である。家族は子どもにとって，最も重要な③（　　　　　　）である。
- □(2)　家族など身近な人に対する④（　　　　　　）感は，子どもの成長・発達にとっての大切な⑤（　　　　　　）となる。家族が⑥（　　　　　　）を持って接することで④（　　　　　）関係が形成される。これが子どもの健やかな成長のために何よりも大切である。
- □(3)　⑦（　　　　　　）は，子育てを地域で⑧（　　　　　　）するための手助けをする組織である。⑨（　　　　　　）を受けたい人と行いたい人が会員となり，⑦（　　　　　　）を通じて会員同士が支え合う仕組みである。
- □(4)　子どもを守る権利や条約。
  - ・⑩（　　　　　　）に関する条約：子どもの権利条約ともいう。⑪（　　　　　　）で採択され，日本では1994年に発効した。⑫（　　　　　　）歳未満のすべての者(⑬（　　　　　　))の人権の尊重，保護の促進を目指す。
  - ・⑭（　　　　　　）：1951年制定。子どもの持つ権利を大人が確認し，すべての子どもの幸福が図られるよう，社会の責任と義務が定められている。
  - ・⑮（　　　　　　）法：児童に関わる根本的，⑯（　　　　　　）な法律。すべての児童に，総則に示されているような⑰（　　　　　　）が認められている。

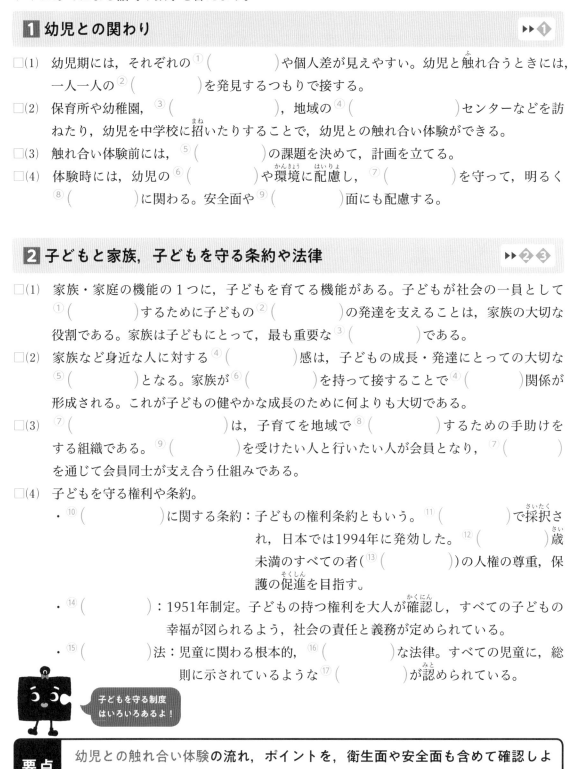

子どもを守る制度はいろいろあるよ！

要点　幼児との触れ合い体験の流れ，ポイントを，衛生面や安全面も含めて確認しよう。子どもにとっての家族，子どもを守るための条約や法律も理解しよう。

4　幼児との関わり／子どもと家族／子どもを守る条約・法律

❶ 幼児との触れ合いについて，次の各問いに答えなさい。　▶▶ 🔳

□(1) 触れ合い体験前の計画の流れについて，次の文の①〜⑦にあてはまる語句を下の⑦〜㋖から選びなさい。

1.触れ合う幼児の年齢，①（　　　　　），生活の特徴（とくちょう）を確認（かくにん）する。

2.学習の②（　　　　　）を確認し，自分なりの③（　　　　　）を決める。

3.方法，道具，④（　　　　　）などについて話し合い，計画を立てる。

4.事前の⑤（　　　　　），⑥（　　　　　）やマナー，時間などを確認する。

　　→訪問先からのお願いや⑥（　　　　　）や⑦（　　　　　）な場所などもしっかり確認する。

⑦課題　　⑦ねらい　　㋒配慮（はいりょ）　　㋓注意事項　　㋔発達　　㋕危険　　㋖準備物

□(2) 次の①〜⑤の文が正しければ○を，誤っていれば×を（　）に書きなさい。

①幼児と目線の高さを合わせてゆっくりと分かりやすく話す。　　　　　（　　　　　）

②幼児の話をさえぎらないよう，あまり相づちを打たずに丁寧（ていねい）に話を聞く。（　　　　　）

③照（て）れや緊張（きんちょう）から乱暴な態度を取ったり不安そうにしたりする幼児には，あまり関わらず，そっとしておく。　　　　　（　　　　　）

④幼児は高いところからの眺（なが）めが好きなので，積極（せっきょく）的に肩車（かた）などをする。（　　　　　）

⑤腕（うで）を強く引っ張ったり，激しい動きをしたり，大声を出したりしないようにする。

　　　　　（　　　　　）

❷ 子育ての現状について，次の文の（　　）に適切な語句を書きなさい。　▶▶ 🔳

□(1) ①（　　　　　）や家族の多様化，都市化，共働きの増加などにより，子育て支援（しえん）の必要性が増している。

□(2) ②（　　　　　）は，就学（しゅうがく）前の子どもに③（　　　　　）と保育の両方を提供（ていきょう）する施設（しせつ）である。

□(3) 子育てに関する相談を受けたり情報提供したりする施設には，子育て支援センターや④（　　　　　）がある。健康を守る施設には，病院のほか，⑤（　　　　　）や保健センターなどがある。交流の場としては，⑥（　　　　　）や児童遊園などの施設がある。

❸ 子どもを守る条約や法律について，次の各問いに答えなさい。　▶▶ 🔳

□(1) 「子どもの権利条約」に示されている４つの権利をすべて書きなさい。

・（　　　　　）権利　　・（　　　　　）権利　　・（　　　　　）権利　　・（　　　　　）権利

□(2) 次の文は，児童憲章（けんしょう）前文に書かれているものである。次の①〜③に適切な語句を書きなさい。

・児童は，①（　　　　　）として尊ばれる。

・児童は，②（　　　　　）として重んぜられる。

・児童は，③（　　　　　）の中で育てられる。

> 児童憲章は，1951年5月5日に制定されたよ！

5 家族との関わり／高齢者との関わり／地域での協働

（　）にあてはまる語句を答えよう。

1 家族との関わり　▶▶❶

☐(1) 私たちは，成長して生活の中で ①（　　　　　）していくと，家族との関係も変化していく。より良い ②（　　　　　）をつくるうえで，自分の成長と家族との関わりについて理解することが大切である。

☐(2) 家族と ③（　　　　　）や考えが合わないような状況で ②（　　　　　）について考えることは，自身の成長のきっかけとなる。②（　　　　　）をよりよくしていくには，日頃から家族と ④（　　　　　）機会を持つように心がける，相手の ⑤（　　　　　）や役割を自分と置き換える，家族以外の人に ⑥（　　　　　）などの方法もある。

2 高齢者との関わり　▶▶❷

☐(1) 私たちは，乳児期，①（　　　　　），児童期，青年期，②（　　　　　）を経てやがて ③（　　　　　）に至る。④（　　　　　）社会の中で，地域で暮らす高齢者の数は増えている。

☐(2) 人は生涯，⑤（　　　　　）し続ける一方，加齢によって ⑥（　　　　　）も現れる。その現れ方は複雑で ⑦（　　　　　）であり，⑧（　　　　　）がある。

☐(3) 加齢による体の変化は，特に ⑨（　　　　　）音が聞こえにくくなる，⑩（　　　　　）が低下して見えにくくなる，皮膚の ⑪（　　　　　）が鈍くなるなど，さまざまである。

3 地域での協働　▶▶❸

☐(1) 私たちは，家族の一員としてだけでなく，①（　　　　　）の一員としても大きな役割を果たすことができる。①（　　　　　）にはさまざまな人が暮らしている。そうした人とともに生活をつくっていくことを ②（　　　　　）という。

☐(2) ③（　　　　　）社会においては，家族だけで子育てや ④（　　　　　）をすることは難しい。①（　　　　　）の安全や防犯，⑤（　　　　　）においても，互いに ⑥（　　　　　）して助け合うことが求められる。主体的に地域の ⑦（　　　　　）やマナーを守り，仕事を ⑧（　　　　　）するなどして ⑨（　　　　　）していく。

☐(3) ①（　　　　　）との関わりをよくするには，日頃から ⑩（　　　　　）をし，短くても言葉を交わすなど，⑪（　　　　　）の機会を持つようにする。そうすることで，互いに理解することができ，②（　　　　　）の基盤ができる。

要点　家族との関係は変化していく。家族で協力してより良い家族関係をつくる。高齢者も含めた，地域に暮らすさまざまな人と協力，協働し，共生する社会を目指す。

5　家族との関わり／高齢者との関わり／地域での協働

1　家族との関わりについて，次の問いに答えなさい。　▶▶ **1**

☐　次の①～③の文が正しければ○を，誤っていれば×を（　）に書きなさい。

①自立し始めることにより，家族と意見の合わない場合もあるが，家族の間では何も言わなくても気持ちが通じるので，特に話さなくてもよい。（　　）

②家族でも，年齢や立場の違いなどから感情がぶつかり合うこともある。（　　）

③自分の成長と家族との関わりについて理解することは，より良い家族関係をつくることにつながる。（　　）

2　高齢者との関わり方について，次の各問いに答えなさい。　▶▶ **2**

☐(1)　高齢者への声の掛け方について，①～⑦にあてはまる語句を書きなさい。

1.①（　　　　　　）を同じ高さにし，②（　　　　　　）な距離をとり，
③（　　　　　　）を込めて見る。

2.積極的に，明るい言葉で，④（　　　　　　）と聞こえやすい⑤（　　　　　　）の声で話しかける。

3.人によっては，手や⑥（　　　　　　）を⑦（　　　　　　）で触れることで，声や気持ちが届きやすくなる。

☐(2)　歩行の介助について，次の①～⑤にあてはまる語句を，下の⑦～㋚から選びなさい。

高齢者に寄り添う形で，①（　　　　　　）から支えるようにして，相手の②（　　　　　　）に合わせて歩く。③（　　　　　　）などがある場合は利用する。④（　　　　　　）ものをつかんでもらう。⑤（　　　　　　）などがなく，自分で歩行できる高齢者へ力を添える形で行う。

㋐肩　　㋑脇の下　　㋒ペース　　㋓呼吸　　㋔手すり　　㋕階段
㋖固定した　　㋗つかみやすい　　㋘まひ　　㋙足　　㋚不安定な

3　地域の中での協力・協働について，次の問いに答えなさい。　▶▶ **3**

☐　次の①～⑤の文が正しければ○を，誤っていれば×を（　）に書きなさい。

①地域の人と挨拶をし，短くても会話したりするよう心がける。（　　）

②防災訓練には危険もあるので，中学生はまだ参加しない方がいい。（　　）

③少子高齢社会といっても，子育てや介護は家族で行うものである。（　　）

④周囲の人たちとともに生活をつくっていくことを，共生という。（　　）

⑤中学生も地域の一員としての役割を果たすことが期待される。（　　）

ヒント　**1**　家族関係は親密な関係と言われているが，時にはけんかをしたり，いがみあったりすることもあるのが普通で，両面性がある。

ミスに注意　**3**　地域の人とともに生きていくための関わり方にあてはまるもの。

私たちの成長と家族・地域

時間 30分　／100点　合格 70点　解答 p.20

❶ 家族・家庭と地域について，次の問いに答えなさい。 12点

☐　家族・家庭の基本的な機能について，①〜⑥にあてはまる語句を下の⑦〜⑨から選びなさい。
・① (　　　　　　　) などの生活を営む機能
・子どもを ② (　　　　　　　) 機能
・心の ③ (　　　　　) を得るなど ④ (　　　　　) 的な機能
・収入を得るなどの ⑤ (　　　　　) 的な機能
・⑥ (　　　　　) を継承する機能
⑦育てる　　⑦精神　　⑦生活文化　　⑦衣食住　　⑦経済　　⑦安らぎ　　⑦環境

❷ 幼児の発達について，次の各問いに答えなさい。 36点

☐(1)　「乳児期」「幼児期」はそれぞれいつからいつまでか答えなさい。
☐(2)　次の文の①〜⑥にあてはまる数字を答えなさい。
　　　生まれたときの身長は，平均で約 ① (　　　　　) cm，体重は約 ② (　　　　　) kgである。生まれたときと比べ，1歳になると，身長は約 ③ (　　　　　) 倍，体重は約 ④ (　　　　　) 倍になり，4歳では，身長は約 ⑤ (　　　　　) 倍，体重は約 ⑥ (　　　　　) 倍になる。
☐(3)　右の図は，体や運動機能の発達について示したものである。腕全体の発達の方向を示す矢印を右の図中に描きなさい。

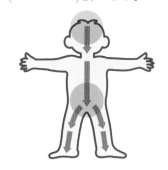

☐(4)　全身の運動機能の発達について，次の①〜④を発達順に並べ替えなさい。
　　　①スキップする　　②一人で歩く　　③はいはいをする
　　　④走る，跳ぶ

❸ 幼児の生活と遊びについて，次の各問いに答えなさい。 技 思 20点

☐(1)　次の習慣のうち，社会的生活習慣にあたるものはどれか。⑦〜⑦から3つ選びなさい。
　　　⑦はしを使って食べる　　⑦ごみはごみ箱に捨てる　　⑦一人で服を脱ぎ着する
　　　⑦歯磨きをする　　⑦挨拶をする　　⑦道路に飛び出さない
☐(2)　幼児との触れ合い実習について，衛生面で注意することを2つ挙げなさい。
☐(3)　絵本やおもちゃについて，次の①〜④の文が正しければ○を，誤っていれば×を書きなさい。
　　　①絵本を読み聞かせるときは，見やすい位置で見せ，はっきりと大きな声で読む。
　　　②読み聞かせでは，なるべく声色を使い分け，想像力を刺激するようにする。
　　　③おもちゃに付いている，耳の不自由な子どもも一緒に遊べることを示すマークを「うさぎマーク」という。
　　　④スマートフォンは絵本代わりにもなるので，積極的に見せるようにする。

❹ 子どもを守るための条約などについて，次の各問いに答えなさい。　　32点

□(1)　次の文は，児童の権利に関する条約に示されている4つの権利のうちどれに相当するか。

①自由に意見をあらわしたり，集まってグループをつくったり，自由な活動を行ったりできることなど。

②あらゆる種類の虐待や搾取などから守られること。

③防げる病気などで命をうばわれないこと。

④教育を受け，休んだり遊んだりできること。

□(2)　1951年に，すべての子どもの幸福を図るために制定された憲章を何というか。

□(3)　(2)の前文について，①～③にあてはまる語句を書きなさい。

・児童は，人として ①(　　　　　)。

・児童は， ②(　　　　　)の一員として重んぜられる。

・児童は，よい ③(　　　　　)の中で育てられる。

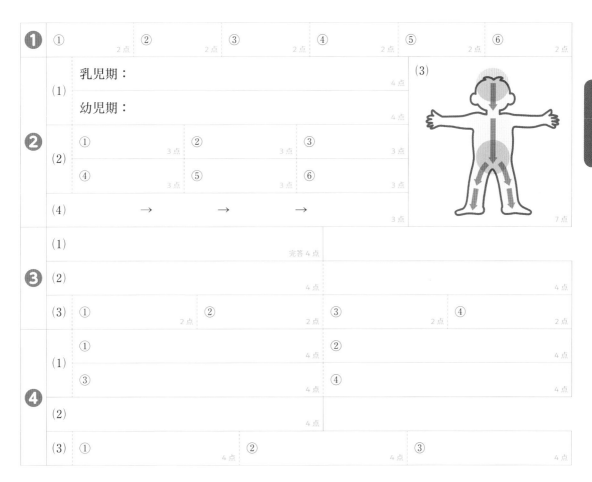

家庭 5 編

定期テスト **予報** 幼児の心身の発達，生活習慣のほか，遊びやおもちゃ（遊び道具），絵本などについても整理しておきましょう。子どもを守るための条約や法律なども重要です。

119

教科書ぴったりトレーニング

〈 全教科書版・中学技術家庭 1〜3年 〉

この解答集は取り外してお使いください。

技術分野

1編　材料と加工の技術
1章　材料と加工の技術の原理・法則と仕組み

1 身の回りの材料と加工

p.2　ぴたトレ1

1 (1)①材料
　(2)②木材　③金属　④プラスチック
　(3)⑤特性(性質)
　(4)⑥木材　⑦金属　⑧プラスチック
　　⑨ガラス　⑩ゴム
　(5)⑪木材　⑫プラスチック　⑬金属
2 (1)①加工
　(2)②切断　③切削　④変形　⑤接合

p.3　ぴたトレ2

❶ (1)①エ　②ア　③イ
　(2)①ウ　②ア　③エ
　(3)①イ　②エ　③ウ
　(4)ウ
❷ ①オ　②イ　③ウ　④ア

2 木材, 金属, プラスチックの特性

p.4　ぴたトレ1

1 (1)①針葉樹　②広葉樹
　(2)③収縮　④変形　⑤繊維方向
　(3)⑥A　⑦B
　(4)⑧合板　⑨ファイバーボード　⑩木質材料
2 (1)①電気
　(2)②弾性　③塑性　④加工硬化(ひずみ硬化)
　　⑤合金
3 (1)①電気　②海洋
　(2)③生分解性
　(3)④熱可塑性　⑤熱硬化性

p.5　ぴたトレ2

❶ (1)①辺材　②心材　③こば　④こぐち
　　⑤まさ目　⑥木裏　⑦板目　⑧木表
　(2)①半径　②接線　③繊維　④木表　⑤板目
　　⑥まさ目
❷ (1)①エ　②ア　③イ　④ウ
　(2)①イ　②オ　③エ

3 材料に適した加工法

p.6　ぴたトレ1

1 (1)①けがき
　(2)②切断　③切削　④変形　⑤接合
　(3)⑥木材　⑦引く
　(4)⑧金属　⑨押す
2 (1)①固定　②押し
　(2)③四つ目ぎり　④下穴
　(3)⑤三つ目ぎり
3 ①不安全状態　②不安全行動

p.7　ぴたトレ2

❶ (1)①鉛筆　②さしがね　③長手　④妻手
　(2)①両刃のこぎり　②弓のこ
　(3)①かんな　②やすり
　(4)①げんのう
　(5)①はけ
❷ (1)A イ　B エ　(2)A ウ　B イ　(3)A
❸ (1)×　(2)○　(3)○　(4)×

4 丈夫な製品を作るために

p.8　ぴたトレ1

1 (1)①構造
　(2)②断面　③断面積
2 (1)①すじかい(斜め材)　②三角形
　(2)③面
　(3)④補強金具(補強材)

③ ①2 ②4 ③C

p.9 ぴたトレ2

① (1)A
　(2)①⑰㋤　②㋐㋕　③㋑㋨
② (1)A㋤　B㋑　C㋐　D㋒
　(2)A
　(3)A㋨　B㋒　C㋑　D㋐
　(4)D

**5 材料と加工の技術の工夫
を読み取ろう**

p.10 ぴたトレ1

① (1)①⑰　②㋤　③㋐
　(2)④㋑
② (1)①㋑
　(2)②㋐
③ (1)①両刃のこぎり　②帯のこ盤(バンドソー)
　(2)③A
　(3)④A
　(4)⑤B

p.11 ぴたトレ2

① (1)ペットボトルはびんと比べて軽く，持ち運
　びしやすい。また，びんは落とすと割れる
　が，ペットボトルは丈夫で落としても割れ
　ない。
　(2)①㋐　②㋕　③㋤　④⑰　⑤㋑
② (1)㋑㋕
　(2)㋐㋨
　(3)⑰㋩
③ A①ほぞつぎ
　(1)A　(2)B

2章 材料と加工の技術による問題解決

　　1 問題の発見と課題設定
　　2 製作品の構想と設計

p.12 ぴたトレ1

① (1)①問題
　(2)②課題
　(3)③解決
② (1)①調査

　(2)②アイディアスケッチ(スケッチ)
　　③思考ツール
　(3)④安全　⑤経済
③ (1)①課題
　(2)②使用条件　③構造
　(3)④制約条件
　(4)⑤スケッチ
　(5)⑥試作　⑦修正

p.13 ぴたトレ2

① (1)①㋤　②㋑　③⑰　④㋨
　(2)世の中の製品の調査，先輩の製作品の調査，
　　アイディアスケッチ，思考ツールの活用，
　　友達や家族との話し合い，などから2つ
② (1)①㋨　②㋤　③㋐　④㋖　⑤㋕　⑥㋐
　　⑦⑰　⑧㋑
　(2)①×　②○　③×

---

3 製図

p.14 ぴたトレ1

① (1)①JIS
　(2)②構想図　③等角図
　(3)④部品図　⑤第三角法
　(4)⑥3D-CAD(3DCAD)
② (1)①等角図　②30°　③比率(割合)
　(2)④第三角法　⑤正面　⑥部品

p.15 ぴたトレ2

① (1)D　(2)A　(3)F　(4)C
② (1)直径30㎜の円形断面
　(2)1辺40㎜の正方形断面
　(3)半径10㎜の円弧
　(4)45°で長さ5㎜の面取り
　(5)板の厚さ10㎜
　(6)直径6㎜のドリルで穴の深さ10㎜
③ (1)①㋨　②㋑　③㋐　④㋖　⑤㋙　⑥㋚
　　⑦⑰
　(2)①㋑　②⑰　③㋩　④㋖　⑤㋚

4　計画と製作

3章　社会の発展と材料と加工の技術

1　材料と加工の技術の最適化
2　これからの材料と加工の技術

考え方

❶材料には, それぞれに特有の性質がある。
それらの特徴をよく知ることが「材料と加
工」では重要である。

❷丈夫な構造では, 三角形の構造が基本であ
る。そのほか, 面構造や接合部補強などの
方法や特徴も覚えておこう。

❸両刃のこぎりの仕組み, 木目(繊維方向)と
縦びき用・横びき用の使い分けの仕方, あ
さりの役割など, のこぎり引きの基本的な
理解を問う問題。

❹等角図は, 製作品の全体の形を表すのに適
した図法である。図面から製品についての
正しい情報を読み取れるようにしておこう。
切り代と削り代は, 部品と部品の間を切削
した際に短くなるのを見越した余裕のこと。
3～5mmを見込んでおく。

2編　生物育成の技術
1章　生物育成の技術の原理・法則と仕組み

1　生物育成の技術と環境調節

絹の生産（カイコの飼育），綿の生産　など
から２つ

② (1)解答例：育成している場所の温度を保つ。
(2)解答例：表土を覆い，光を遮ることで，雑
草の発芽を抑え，土の水分を保つ。
(3)①イ　②オ　③ケ

2　生物育成技術を利用した栽培・飼育

p.24 **ぴたトレ1**

1 (1)①規則性（決まり，特徴，特性）　②品種
③時期
(2)④摘芯（摘心）　⑤追肥　⑥誘引
2 (1)①家畜　②原料　③医薬品
(2)④品種改良　(3)⑤給餌　⑥配合飼料
(4)⑦動物福祉（アニマルウェルフェア，家畜
福祉，生命倫理）
3 (1)①養殖　②海　(2)③種苗　④完全養殖

p.25 **ぴたトレ2**

❶ (1)①エ　②ア　③ウ　④イ
(2)①品質　②収量（収穫量）　③費用（コスト）
④環境（自然環境）
❷ (1)①ウ　(2)②キ　③オ　(3)④ク
❸ (1)①○　②×　③×　④○　⑤○
(2)藻場の造成，魚礁の設置，魚道の設置　な
どから１つ

2章　生物育成の技術による問題解決

1　育成計画，成長段階に合わせた育成

p.26 **ぴたトレ1**

1 (1)①環境条件（育成条件，育成環境）
(2)②品種
(3)③栽培計画表（栽培計画，育成計画）
(4)④栽培カレンダー（栽培ごよみ）
(5)⑤伝統野菜
(6)⑥種苗法
2 (1)①有機物　②団粒　③通気性
(2)④窒素　⑤カリウム
(3)⑥ばらまき　⑦すじまき　⑧点まき
(4)⑨移植　⑩定植

(5)⑪元肥　⑫追肥

p.27 **ぴたトレ2**

❶ (1)①大気，光（日射量，日長），雨（降水量），
通風，温度，湿度などから２つ
②雑草，病害虫，微生物，昆虫，小動物，
大動物，鳥などから２つ
③養分，水分，土壌粒子，空気，酸度など
から２つ
(2)Aイ　Bオ　Cエ　Dカ
(3)誘引
(4)A
(5)①○　②×　③×
(6)①日照不足
②細菌　Aイ　Bア　Cカ　Dオ

2　動物や水産物の飼育と育成

p.28 **ぴたトレ1**

1 (1)①環境（飼育環境）　②排せつ物（ふん）
(2)①搾乳　②給餌　③清掃　④記録　⑤飼料
2 (1)①養殖
(2)②環境　③管理
(3)④陸上養殖
(4)⑤大きさ　⑥飼料（餌）
(5)⑦酸素（空気）

p.29 **ぴたトレ2**

❶ (1)食欲，目，呼吸，耳，粘膜，脈拍，姿勢，
行動，体温などから３つ
(2)①エ　②ア　③イ　④カ
❷ (1)魚の口の大きさ
(2)食べ残しがなく，均一に行き渡るように与
える。
(3)陸上養殖
(4)①×　②×

3章　社会の発展と生物育成の技術

1　生物育成の技術の最適化
2　これからの生物育成の技術

p.30 **ぴたトレ1**

1 (1)①バイオエタノール

(2)②つながり

(3)③遺伝子　④生命倫理

(4)⑤バイオテクノロジー　⑥遺伝子組み換え

　　⑦クローン

2　(1)①情報通信技術　②スマート農業

(2)③GAP

(3)④食品安全　⑤環境保全　⑥農場経営管理

❶　(1)食材としての安全性や自然界に与える影響。

(2)1位：エ　2位：イ　3位：カ　4位：ウ

(3)イ

(4)①イカ　②アク　③オキ　④エコ　⑤ウケ

❷　(1)A搾乳（自動搾乳）　B餌寄せ

(2)多面的機能

❶　(1)A単粒構造　B団粒構造　(2)B

(3)①○　②×　③○

❷　(1)水，空気（酸素），温度

(2)間引き

(3)苗の品質や発育をそろえるため。

(4)混み合っている苗，成長（生育）が早すぎる

　　苗，成長が遅すぎる苗，子葉の形が悪い苗，

　　茎が伸び過ぎている（徒長の）苗，病気にか

　　かっている苗，虫の害を受けている苗，か

　　ら2つ

❸　(1)①大きく　②太く　③短く

(2)①イ　②ア　③オ　④カ　⑤ケ

❹　(1)元肥

(2)追肥

(3)肥料の三要素

(4)①有機質肥料（有機肥料，堆肥）

　　②ゆっくりと　③化学肥料（無機質肥料）

❺　(1)A露地栽培　B植物工場

(2)解答例：

　　良い点：施設内で植物の生育環境を制御で

　　き，天候や季節にかかわらず安定的に生産

　　できる。

　　課題：設備に費用がかかる。環境に負荷が

　　かかる。

考え方　❶植物を健康に育てるには，土の構造が大切

　　である。団粒構造がなぜ良いのかも理解し

ておこう。

❷健康な苗を作ることは大切である。どのよ

　うな管理作業があるのか，その目的も理解

　しておこう。

❸育成するためにはさまざまな管理作業があ

　る。目的や方法について確認しておこう。

❹肥料の三要素はどのように働くか，欠乏す

　るとどうなるか，ミニトマトやナスなどの

　例で確認しておこう。

❺どのような技術にも，良い点と課題がある。

　どのように最適化され，どのような課題が

　あるかを考えよう。

3編　エネルギー変換の技術
1章　エネルギー変換の技術の原理・法則と仕組み

1　エネルギー変換と発電

1　(1)①エネルギー資源

(2)②化石燃料　③核燃料

(3)④電気　⑤エネルギー変換

(4)⑥熱

(5)⑦エネルギー損失　⑧エネルギー変換効率

2　(1)①電気エネルギー

(2)②電磁誘導

(3)③火力　④化石燃料

(4)⑤原子力　⑥核

(5)⑦再生可能

(6)⑧直流　⑨交流

(7)⑩変圧

(8)⑪送電

❶　(1)ウ

(2)①○　②×　③○　④×

❷　(1)A火力発電　B太陽光発電　C原子力発電

(2)解答例：発電するときに二酸化炭素を排出

　　しない。

(3)ウ→ア→エ→オ→イ

(4)①イ　②エ　③カ　④ク　⑤ケ　⑥サ

1 (1)①電流　②A　③アンペア
　　(2)④電圧　⑤V　⑥ボルト
　　(3)⑦Ω　⑧オーム
　　(5)⑨単位時間（1秒間）　⑩W　⑪ワット
2 (1)①導線　②電流
　　(2)③電源
　　(3)④負荷
　　(4)⑤電気用図記号　⑥回路図
3 (1)①漏電
　　(2)②ショート　③ブレーカ
　　　④アース線（接地線）
　　(3)⑤トラッキング
　　(4)⑥定格電流　⑦定格電圧　⑧定格時間

❶ A⑧㋖　B③㋗　C⑥㋕　D①㋑　E⑤㋘
　F⑩㋙　G②㋕　H④㋒　I⑦㋓　J⑨㋐
❷ (1)解答例：電気が体に流れて衝撃や傷害を受
　　　けること。
　　(2)①登録検査機関　②特定電気用品
　　　③電圧の定格値（定格電圧）
　　　④電流の定格値（定格電流）
　　(3)6 A

3　運動エネルギーへの変換と利用

1 (1)①エネルギー　②仕事
　　(2)③運動エネルギー　④作業機　⑤伝動機
　　(3)⑥回転運動
　　(4)⑦歯車
　　(5)⑧回転力　⑨遅く　⑩大きく
　　(6)⑪速度伝達比
2 (1)①リンク　(2)②カム　(3)③流体
　　(4)④2　⑤2分の1（1/2）　⑥パスカル
　　(5)⑦軸受　(6)⑧保守点検

❶ (1)A㋑　B㋖　C㋕　D㋓　E㋐　F㋗
　　G㋒　H㋕

❷ (2)①E H　②A B C D F G
❷ (1)A㋓　B㋑　C㋒　D㋐　E㋔
　　(2)B
　　(3)①運動エネルギー　②蒸気タービン

2章　エネルギー変換の技術による問題解決

1　電気回路の設計と製作

1 (1)①制御　②負荷　③電圧　④仕事
　　　⑤課題解決（問題解決）
　　(2)⑥プロトタイプ　⑦シミュレーション
　　　⑧回路図
　　(3)⑨部品表（部品図）　⑩実装
2 (1)①スイッチ　②抵抗器　③コンデンサ
　　　④ダイオード　⑤トランジスタ
　　(2)⑥光　(3)⑦赤外線
　　(4)⑧手回し発電機（ゼネコン）　⑨電池
　　　⑩太陽電池
　　(5)⑪はんだごて

❶ (1)

ダイオード
太陽電池

　　(2)コンデンサ（電気二重層コンデンサ）
❷ (1)Aはんだごて，㋒　B穴あきニッパ，㋔
　　　Cワイヤストリッパ，㋐
　　　Dラジオペンチ，㋕
　　(2)㋔→㋐→㋕→㋒→㋑

2　機構モデルの設計と製作

1 (1)①運動　②仕事　③作業　④リンク機構
　　(2)⑤ラフスケッチ（アイディアスケッチ）
　　　⑥プロトタイプ　⑦シミュレーション
　　　⑧製作図
　　(3)⑨製作工程表　⑩実装
2 (1)Aてこクランク機構　B平行クランク機構
　　(2)A 4輪車　B 3輪車

Cクローラベルト(無限軌道，クローラー，
トラックベルト，カタピラ)

(3)①C　②A

(4)③大歯車　④小歯車

(5)⑤モータ　⑥被動軸　⑦遅く　⑧大きく

⑨使用条件

p.43 ぴたトレ**2**

1 (1)クランク(回転節)

(2)てこ(揺動節)

(3)①B　②E　③D　④A　⑤C

2 (1)①㋔　②㋒　③㋐　④㋑　⑤㋑

(2)空気，水，油(オイル)，などから2つ

(3)パスカルの原理

(4)㋒

3章　社会の発展とエネルギー変換の技術

1　エネルギー変換の技術の最適化
2　これからのエネルギー変換の技術

p.44 ぴたトレ**1**

1 (1)①機械的　②生産性　③運動

(2)④化石燃料　⑤温室効果ガス　⑥環境

(3)⑦パリ協定

(4)⑧保守点検

(5)⑨原子力発電所

(6)⑩影

2 (1)①持続可能

(2)②燃料電池　③つくる　④リチウム
⑤ためる

(3)⑥ライフサイクルアセスメント

(4)⑦情報通信技術　⑧スマートシティ

p.45 ぴたトレ**2**

1 (1)快適性の向上，身体的な労働や作業の軽減，
交通・運輸の効率化，製品の生産性の向上，
などから1つ

(2)資源の枯渇，環境への負荷，事故の発生，
などから1つ

(3)①㋑㋓　②㋐㋕　(4)㋑

2 (1)脱炭素社会　(2)ヒートポンプ

(3)潮流発電(潮力発電，潮汐発電)

(4)A燃料電池　Bリチウムイオン電池

(5)A

p.46~47 ぴたトレ**3**

1 (1)①運動エネルギー　②熱エネルギー
③光エネルギー　④熱エネルギー

(2)①㋑㋔　②㋐㋒　③㋕㋗　④㋒㋑

2 ②

3 (1)A④㋐　B①㋒　C②㋐　D⑤㋑

(2)①○　②×

(3)速度伝達比：36　回転数：150回転

(4)ギヤ：A

理由：解答例：Aの方が後車輪側の歯数が
多いので，回転力が大きくなるから。

4 (1)名称：抵抗器　記号：—▭—

(2)名称：モータ　記号：

(3)名称：発光ダイオード　記号：

(4)名称：コンセント　記号：

考え方

1 エネルギーをどのように変換しているか，
発電方法とその特徴を理解しておこう。

2 家庭用の電源は100Vである。①のCDラ
ジカセの場合，20W÷100Vより，電流は0.2
Aとなる。同様に計算していくと，①はテー
ブルタップに流れる電流は合計3.29A。一
方，②は合計17.1Aとなり，定格値を超え
ていて危険である。ほかにも電気機器の安
全な利用について押さえておこう。

3 回転運動を伝える仕組みや機械が動く機構
は重要なので，名称と働きを整理しておこ
う。(3)は，複数の歯車が組み合わさってい
る場合，それぞれの速度伝達比をかけると
よい。

$$速度伝達比＝\frac{駆動軸の回転速度}{被動軸の回転速度}＝\frac{被動軸側の歯車の歯数}{駆動軸側の歯車の歯数}$$

よって，(32÷8)×(30÷10)×(30÷10)＝36
となる。被動軸の回転数は，駆動軸の回転
数÷速度伝達比で求められるので，5400÷
36＝150となる。

4 電気用図記号を個別に覚えるだけでなく，
簡単な回路図が描け，回路図から実際の回
路がイメージできるようにしよう。

1　情報の技術とデジタル化

p.48　ぴたトレ1

1 (1)①入力　②出力　③記憶
　　④・⑤演算・制御
　(2)⑥中央処理装置
　(3)⑦アナログ　⑧デジタル
2 (1)①2進　②デジタル化(A/D変換)
　(2)③ビット　④バイト　⑤B
　(3)⑥ピクセル　⑦1インチ(1in)　⑧dpi
3 (1)①LAN　②インターネット
　(2)③サーバ　④ルータ
　(3)⑤IPアドレス

p.49　ぴたトレ2

1 (1)ハードウェア　(2)ソフトウェア
　(3)①⑦⑦⑦⑦⑦　②⑦⑦⑦⑦⑦⑦
2 (1)テキスト形式，画像形式，音声形式，動画
　　形式，から2つ
　(2)①×　②○　③×　④○
　(3)⑦→⑦→⑦
　(4)①8　②1024　③1024
3 (1)①⑦　②⑦　③⑦　④⑦　⑤⑦　⑥⑦
　　⑦⑦　⑧⑦　(2)ドメイン名

2　情報の安全な利用とセキュリティ

p.50　ぴたトレ1

1 (1)①悪用
　(2)②情報モラル
　(3)③検索　④信ぴょう性
　(4)⑤プライバシー
　(5)⑥風評被害　⑦ヘイトスピーチ　⑧転送
2 (1)①知的財産　②著作　③産業財産
　(2)④複製(コピー)
3 (1)①情報セキュリティ　②機密性
　(2)③コンピュータウイルス(マルウェア)
　　④ファイアウォール　⑤フィルタリング

p.51　ぴたトレ2

1 ①⑦　②⑦　③⑦　④⑦
2 (1)②③⑤
　(2)①⑦⑦　②⑦⑦　③⑦⑦　④⑦⑦
3 ①⑦⑦　②⑦⑦　③⑦⑦

3　コンピュータの基本操作①

p.52　ぴたトレ1

1 (1)①デスクトップ　②ノート(ラップトップ)
　　③タブレット
　(2)④起動　⑤パスワード　⑥ログオン
　(3)⑦デスクトップ　⑧アイコン　⑨終了
　　⑩×(シャットダウン)
　(4)⑪保存
2 ①エスケープ　②シフト　③スペース
　④変換　⑤バックスペース　⑥デリート
　⑦エンター　⑧ファンクション
　⑨カーソル　⑩テン

p.53　ぴたトレ2

1 (1)①⑦　②⑦　③⑦　④⑦
　(2)①ホーム　②スリープ　③タップ
2 ①⑦　②⑦　③⑦　④⑦　⑤⑦

3　コンピュータの基本操作②

p.54　ぴたトレ1

1 (1)①クリック　②ダブルクリック
　　③右クリック　④ドラッグ　⑤スクロール
　(2)⑥フォルダ　⑦日付(年月日)
2 (1)①文書処理(ワードプロセッサ)
　(2)②文字　③書式　④表
　(3)⑤表計算(表計算処理)　(4)⑥関数
　(5)⑦プレゼンテーション(プレゼンテーション用)
　(6)⑧アニメーション
　(7)⑨メニューバー(リボンのタブ)
　　⑩リボン

p.55　ぴたトレ2

1 (1)①⑦　②⑦　③⑦　④⑦　⑤⑦
　(2)①⑦　②⑦　③⑦　④⑦　⑤⑦　⑥⑦
　(3)解答例：ファイル名に共通の言葉を入れる，

日付や順番を数字で入れる，仲間分けをしてフォルダに入れる，などから2つ

② (1)①漢字に読み仮名(ルビ)をつける
　　②文字を太文字にする
　　③文字の位置を設定する
　　④文字の色を変える
　　⑤文字の書体(フォント)と大きさ(ポイント)を設定する
　(2)①エ　②イ　③ア
　(3)①列番号　②行番号　③E7

4　情報の技術の工夫／プログラミング

p.56　　　　　　　　ぴたトレ**1**

① (1)①デジタル　②処理　③システム　④活用
　(2)⑤デジタル化　⑥記憶(きおく)　⑦命令
　　⑧プログラム　⑨問題解決
② (1)①プログラミング言語　②テキスト(文字)
　　③ブロック
　(2)④アクティビティ図　⑤統合
　　⑥構想(情報処理の手順)
　(3)⑦フローチャート
　(4)⑧順次　⑨分岐(ぶんき)　⑩反復　⑪順番　⑫条件
　　⑬選択(せんたく)

p.57　　　　　　　　ぴたトレ**2**

① 機械学習
② (1)ウ
　(2)①A　②C　③B
　(3)

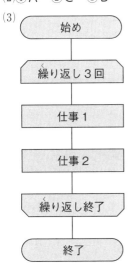

2章　双方向性のあるコンテンツのプログラミングによる問題解決

1　双方向性のコンテンツの構想・制作

p.58　　　　　　　　ぴたトレ**1**

① (1)①内容　②記憶(取り込み)
　(2)③入力(働きかけ)　④プログラム
　(3)⑤文字(テキスト)　⑥メディア
② (1)①受け手
　(2)②課題　③機能　④目的
　(3)⑤メディア
　(4)⑥具体化　⑦手順　⑧アクティビティ
　(5)⑨処理　⑩効率的
　(6)⑪バグ　⑫デバッグ

p.59　　　　　　　　ぴたトレ**2**

① ①ウオケ　②エカキコ　③イカコ
　④アウコ
② (1)

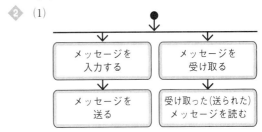

　(2)ユニバーサルデザイン
　(3)解答例：
　　①文字サイズは適切か，図表・イラスト・写真などを使って分かりやすいか，読む人の視線を考えたレイアウトか，配色は適切か，などから1つ
　　②修正は少なかったか，作業量は適切だったか，素材を再利用したか，などから1つ
　　③他人の著作物は許諾(きょだく)を得たか，著作権表記をしたか，自分や他人の個人情報を公表していないか，コンテンツの利用条件を明記したか，などから1つ

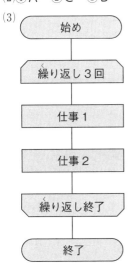

3章 計測・制御のプログラミングによる問題解決

1 計測・制御システムとは

p.60 ぴたトレ**1**

1. (1)①センサ
   (2)②インタフェース ③コンピュータ
   ④アナログ ⑤デジタル
   (3)⑥アクチュエータ
2. (1)①センサ ②・③光・温度
   (2)④アナログ ⑤デジタル
   ⑥インタフェース(A/Dコンバータでも可)

p.61 ぴたトレ**2**

❶ ①オ ②コ ③カ ④ケ ⑤ウ ⑥ク ⑦キ
❷ (1)イ→ウ→ア→ウ→エ
   (2)①エ ②ア ③イ ④ウ
   (3)①ウ ②ア ③イ ④エ

2 計測・制御のプログラミングの構想・制作

p.62 ぴたトレ**1**

1. (1)①センサ ②最適化 ③問題解決
   (2)④社会 ⑤安全性 ⑥セキュリティ
   ⑦制約条件
   (3)⑧仕事を行う部分 ⑨情報処理
2. (1)①センサ ②仕事を行う部分 ③情報処理
   (2)④変数
3. (1)①課題 ②解決 ③情報
   (2)④使用者 ⑤種類 ⑥間隔 ⑦情報処理
   ⑧部品 ⑨簡略

p.63 ぴたトレ**2**

❶ (1)①オ ②ア ③カ ④イ ⑤ウ ⑥エ
   (2)①オ ②キ ③ク ④カ ⑤ウ ⑥エ
   ⑦ア ⑧イ
   (3)温度センサ, 湿度センサ
❷ ①センサによって省エネルギーが実現されて
   いるか, 余計な動作や無駄な情報の計測・
   制御は行っていないか, などから1つ
   ②操作するときの方法などは簡単か, 自動化
   によって使用者の目的が実現できるか, 使

う人が使い方を選んだり変えたりできるか,
などから1つ
③課題の解決を実現しているか, 動作にばら
つきはないか, プログラムが複雑になって
いないか, などから1つ

4章 社会の発展と情報技術

1 情報の技術の最適化
2 これからの情報の技術

p.64 ぴたトレ**1**

1. ①社会 ②安全性 ③セキュリティ
   ④最適化
2. (1)①システム化
   (2)②安全 ③事故
   ④悪用(不正利用, 不正アクセス) ⑤開発
   ⑥廃棄 ⑦環境
3. (1)①持続 ②評価 ③問題点
   (2)④Internet of Things ⑤インターネット
   (3)⑥情報 ⑦価値 ⑧課題 ⑨人間中心
   ⑩Society 5.0(ソサエティ5.0)
   (4)⑪人工知能 ⑫Artificial Intelligence
   ⑬知的

p.65 ぴたトレ**2**

❶ (1)人のミスによる交通事故などが少なくなる,
   渋滞が緩和される, 運転時間を有効活用で
   きる, 誰もが気軽に移動できる, などから
   1つ
   (2)搭載したコンピュータへの不正アクセスの
   リスク, 天候による不具合, 衝突しそうな
   ときの適正な判断, 法律や社会制度の整備,
   などから1つ
   (3)①ア ②ク ③エ ④ク ⑤イ ⑥オ
   ⑦カ ⑧ウ ⑨オ
❷ (1)①人工知能 ②顔認証 ③認証(判定)
   ④防災 ⑤気象観測 ⑥計測
   ⑦シミュレーション
   (2)ビッグデータ
   (3)ディープラーニング

❶ (1)①キーボード，マウス，デジタルビデオカメラ，マイクロフォン(マイク)，イメージスキャナ，などから3つ

②プリンタ，ディスプレイ，プロジェクタ，イヤフォン，スピーカ，スマートフォンのモニタ，などから3つ

(2)アルファベット：CPU

日本語：中央処理装置

(3)①エスケープキー　②エンターキー

③シフトキー　④スペースキー

⑤バックスペースキー　⑥デリートキー

⑦カーソルキー

(4)④②

(5)⑥

❷ (1)デジタル情報

(2)2bit：4通り　8bit：256通り

(3)②→④→①→⑥→⑤→③

(4)②③

❸ (1)知的財産権

(2)著作権

(3)①×　②×　③×　④×　⑤×

❹ (1)③→①→④→①→②

(2)④

(3)フローチャート

(4)人工知能

考え方

❶ パソコンの機能と装置の関係，操作方法などについて，しっかりと整理しておこう。
CPUはCentral Processing Unitの略である。

❷ デジタル情報の特徴，単位のほか，情報通信ネットワークについても機器や用語などを押さえておこう。
(2)$2^2=4$，$2^8=256$

❸ 情報モラル，セキュリティ対策，著作権は重要事項である。しっかり確認しよう。

❹ 双方向のコンテンツ，計測・制御システムについて，実習と絡めて理解しておこう。
これからの情報技術，情報技術の光と影についても考えを深めておこう。

家庭分野

1編　私たちの食生活
1章　食事の役割と中学生の栄養の特徴

1　食事の役割と栄養

1 (1)①体(身体)　②エネルギー　③リズム

(2)④食文化

(3)⑤体温　⑥集中力

(4)⑦バランス　⑧運動　⑨休養(睡眠)

(5)⑩食習慣　⑪生活習慣病

(6)⑫孤食　⑬共食　⑭個食

2 (1)①栄養素

(2)②・③・④たんぱく質・ビタミン・脂質

⑤調子　⑥エネルギー　⑦栄養

(3)⑧老廃物

(4)⑨食事摂取基準　⑩成長期

❶ (1)体をつくる，活動のエネルギーになる，生命や健康を維持する，生活のリズムを作る，楽しみとなる，触れ合いの場となる(人と人のつながりを深める)，食文化を伝える，などから2つ

(2)食生活指針

(3)①○　②×　③×　④○

❷ (1)A②㋓㋙　B②㋒㋕　C③㋑㋞　D①㋐㋖
E①㋔㋘

(2)①㋕　②㋑　③㋐　④㋒　⑤㋒　⑥㋖

(3)①キロカロリー　②1　③1

(4)㋒㋕

2章　中学生に必要な栄養を満たす食事

2　必要な栄養を満たす食事

1 (1)①100　②食べられる

(2)③食品群(基礎食品群)　④たんぱく質

⑤カルシウム　⑥カロテン(ビタミンA)

⑦ビタミンC　⑧炭水化物　⑨脂質

(3)⑩1，2　⑪3，4　⑫5，6

(4)⑬概量　⑭バランス

② (1)①献立　②主菜
(2)③食品群　④時間　⑤旬
(3)⑥主食　⑦副菜　⑧汁物（飲み物）
　　⑨3分の1 (1/3)

◆ (1)1群④㋔　2群③㋐　3群①㋑　4群⑥㋓
　　5群②㋕　6群⑤㋒
(2)①㋐㋑㋔㋗㋙　②㋑㋔㋕㋖㋘
◆ (1)①㋑　②㋒　③㋓　④㋗　⑤㋐　⑥㋕
　　⑦㋖　⑧・⑨㋔・㋘　⑩・⑪㋙・㋛　⑫㋚
(2)㋑

3章　調理のための食品の選択と購入

3　食品の特徴と選択

① (1)①材料
(2)②・③栄養・価格　④環境
(3)⑤野菜　⑥加工食品
(4)⑦食品表示
② (1)①鮮度　②腐敗　③出盛り期
(2)④原産地
(3)⑤保存性　⑥手間（時間）　⑦食品添加物
(4)⑧原材料（原材料名）　⑨エネルギー
　　⑩住所　⑪食物アレルギー
　　⑫遺伝子組み換え
③ (1)①衛生的
(2)②食中毒　③ウイルス
(3)④・⑤・⑥温度・水分・栄養分
(4)⑦・⑧・⑨付けない・増やさない・やっつける

◆ (1)A㋓　B㋑　C㋐　D㋒
(2)B
◆ (1)①㋐㋗㋛　②㋒㋘　③㋑㋖㋙　④㋓㋕㋚
(2)乾燥させる，塩漬け・砂糖漬けにする，くん製にする，加熱し密封する，温度を下げる，などから2つ
(3)①消費期限　②5　③賞味期限
(4)小麦，そば，らっかせい，えび，かに，卵，

乳，から3つ。
(5)①×　②○　③×　④×

4章　日常食の調理と地域の食文化

4　日常食の調理①

① (1)①衛生　②消化
(2)③手を洗う　④調理器具（調理用具）
(3)⑤計量　⑥味
(4)A輪切り　B半月切り　Cいちょう切り
　　Dせん切り
② (1)①ビタミン　②低　③高（高い）
(2)④あく　⑤ビタミンC　⑥塩（食塩）
　　⑦かさ（体積）
(3)⑧たんぱく質　⑨部位
(4)⑩変性　⑪肉汁　⑫筋
(5)⑬白身魚
(6)⑭短（短い）　⑮煮崩れ

◆ (1)①15　②5
(2)①㋑　②㋒　③㋐
(3)A小口切り　Bくし形切り　C乱切り
　　Dささがき
(4)漂白剤，熱湯
◆ (1)解答例：色がよく，みずみずしく，張りのあるもの。
(2)①㋒　②㋑　③㋐　④㋓
(3)①㋔　②㋐　③㋒　④㋑　⑤㋓
(4)①弾力　②目　③えら　④ドリップ

5　日常食の調理②／食文化

① (1)①買い物　②エコクッキング
　　③旬（出盛り期）　④洗剤
(2)⑤短（短い）
(3)⑥3　⑦2　⑧汁気
② (1)①地産地消　②食文化
(2)③郷土料理　④行事食　⑤お節（御節）料理
(3)⑥和食　⑦三菜（二菜）

③ (1)①食品安全基本法　②食品安全委員会
　　(2)③食料自給率　④廃棄
　　(3)⑤二酸化炭素（CO₂）
　　　　⑥フード・マイレージ
　　　　⑦温室効果ガス
　　　　⑧カーボンフットプリント
　　(4)⑨食育基本法

<p.77>　ぴたトレ2

① (1)みじん切り
　　(2)ぶたのひき肉と牛のひき肉を合わせたもの
　　　（ひき肉，あいびき肉）。
　　(3)b
　　(4)解答例：ふたをして蒸し焼きにし，中まで
　　　火を通すため。
② (1)①カ　②エ　③ア　④キ　⑤イ　⑥ウ
　　　⑦オ
　　(2)郷土料理
③ (1)①○　②×　③×
　　(2)ウ

<p.78～79>　ぴたトレ3

① (1)①洋包丁　②菜切り包丁　③出刃包丁
　　(2)①×　②○　③×
② (1)輪切り　(2)乱切り　(3)ささがき
　　(4)せん切り　(5)小口切り
③ (1)①イ　②カ　③ウ　④オ　⑤エ　⑥ア
　　(2)②③⑤
　　(3)筋を切る（筋切りをする）
　　(4)解答例：肉をやわらかくし，臭みも消すため。
　　(5)解答例：生肉を別の食品と接触させない，
　　　生肉を触った後には必ず手を洗う，生肉に
　　　使ったトングや菜箸をそのまま野菜などに
　　　使わない，中心部に火が通るまで加熱する，
　　　などから1つ
④ 1群：さけ，油揚げ，みそ
　　2群：しらす干し，わかめ，煮干し
　　3群：トマト，ほうれんそう
　　4群：キャベツ，レモン，白ねぎ
　　5群：米，小麦粉
　　6群：油，バター
⑤ (1)○　(2)○　(3)×　(4)×　(5)○

考え方
① 包丁だけでなく，調理実習で使う調理器具
　の使い方も押さえておこう。
② 切り方の名称も調理実習と関連付けながら
　覚えよう。
③ 調理実習に関連する食品の特性や扱い方，
　調理の作業の理由や意味も考えよう。
④ どの食品がどの食品群に分けられるか，含
　まれる栄養素とその働きも理解しておこう。
⑤ 栄養素や調理のほか，食中毒など食の安全
　についても理解しておこう。
　　(1)たんぱく質（プロテイン）も炭水化物もど
　　　ちらも1gあたり約4kcalのエネルギー
　　　となるが，脂質は1gあたり約9kcalの
　　　エネルギーとなる。
　　(3)肉のうま味や栄養を逃がさないために，
　　　まず肉の表面を焼き固める。

2編　私たちの衣生活
1章　衣服の選択と手入れ

1　衣服の選択と衣文化

<p.80>　ぴたトレ1

① (1)①保健衛生　②生活活動　③社会生活
　　　④職業　⑤慣習
　　(2)⑥印象　⑦T.P.O.　⑧自分らしい
② (1)①T.P.O.　②浴衣
　　(2)③直線（直線的）　④平面　⑤曲線　⑥立体
　　　⑦構成
③ (1)①表示　②予算　③試着
　　(2)④組成　⑤取り扱い
　　　⑥JIS（日本産業規格）
　　(3)⑦採寸
　　(4)⑧・⑨・⑩乾燥・アイロン・クリーニング
　　(5)⑪化学繊維　⑫・⑬植物繊維・動物繊維
　　　⑭合成繊維
　　(6)⑮利用規約　⑯返品

<p.81>　ぴたトレ2

① ①イ　②オ　③ア　④ウ　⑤カ　⑥エ
② A⑦ウオ　B⑦エカ
③ (1)サイズや形が体に合っているか，デザイン
　　や色が似合っているか，動きやすいか，着
　　心地が良いか，脱ぎ着しやすいか，などか

⑦フェルト

(4)⑧布目　⑨たて　⑩よこ　⑪斜め　⑫耳

(5)Aチャコ(三角チャコ)　B巻き尺(メジャー)
　Cまち針　D裁ちばさみ
　Eピンキングばさみ　Fルレット
　G指ぬき　Hミシン針　I方眼定規
　Jへら

ら2つ。

(2)⑦

(3)①バスト　②チェスト　③ウエスト
　④ヒップ　⑤パンツ丈　⑥股上

2　衣服の手入れ

p.82 ぴたトレ1

1 (1)①汚れ　②しみ　③性能　④衛生
　(2)⑤繊維

2 (1)①表示(取り扱い表示)　②部分洗い
　(2)③洗剤　④せっけん　⑤合成洗剤
　　⑥界面活性剤
　(3)⑦しみ抜き
　(4)⑧ブラシ
　(5)⑨アイロン

3 (1)①まつり縫い
　(2)②表
　(3)③裾

p.83 ぴたトレ2

◆ (1)A④　B⑦　C④　D⑦　E⑦
　(2)③
　(3)弱アルカリ性
　(4)解答例：タオルなどを当て布にし，水など
　　を付けてしみの周辺から中心に向けてたた
　　き，当て布にしみを移す。
　(5)③

◆ (1)①玉結び　②玉どめ
　(2)②
　(3)上側

2章　生活を豊かにするために

3　布作品の製作の準備

p.84 ぴたトレ1

1 (1)①便利　②1つ　③豊か
　(2)④用途　⑤目的
　(3)⑥布　⑦資源

2 (1)①採寸　②型紙
　(2)③手入れ
　(3)④ブロード　⑤デニム　⑥メリヤス

p.85 ぴたトレ2

◆ (1)A⑦　B④　C⑤　D⑦
　(2)A
　(3)④⑤
　(4)①A　②B　③C
　(5)③→②→①
　(6)バイアス

◆ (1)A→F→B→C→E→D
　(2)①弱く　②小さく

4　布作品の製作

p.86 ぴたトレ1

1 (1)①合いじるし
　　②チャコ(チャコ鉛筆，チャコペンシル)
　　③まち針
　(2)④裁ちばさみ
　(3)⑤しつけ糸　⑥外
　　⑦大きな(大きい，大きめの)
　(4)⑧平らな
　(5)⑨ボビン　⑩釜
　(6)⑪返し縫い　⑫重ねて
　(7)⑬曲がっている　⑭針止めねじ
　　⑮送り調節器(送り調節ダイヤル)
　　⑯送り歯　⑰太さ　⑱強すぎる(強い)
　　⑲緩い(悪い)

2 (1)①循環型社会　②リサイクル
　　③リデュース　④リユース
　(2)⑤大切にする(大事にする)　⑥肥料

p.87 ぴたトレ2

◆ (1)①×　②○　③○　④×　⑤×　⑥○
　(2)A1　B3　C2　D3　E1

(3)
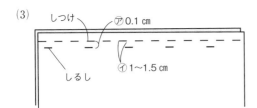

(4)①ピンキング　②ジグザグミシン
　　③三つ折り縫い　④ロックミシン
② (1)解答例：リユース：ほかの人に譲る，フリー
　　マーケットに出す，などから1つ
　　リデュース：必要な枚数を購入する，長く
　　着られる衣服を選ぶ，などから1つ
　(2)クールビズ
　(3)ウォームビズ

p.88～89 ぴたトレ3

① (1)A天然　B化学　C合成
　(2)①ウ　②エ　③ア　④イ　⑤オ
　(3)⑥200℃まで　⑦150℃まで
　　⑧110℃まで
　(4)⑦エ　(5)⑦エ　(6)B繊維　(7)再生繊維
② (1)サイズ表示
　(2)意味：標準サイズ（標準的な体型）
　　他：Y・A体型より細め，B・A体型より
　　やや太め，E・A体型より太め，などから
　　1つ
　(3)①×　②○　③○　④×　⑤×　⑥○
　(4)組成表示
　(5)⑦
③ (1)ア
　(2)A→F→B→C→E→D
　(3)B→C→A　(4)A⑦　B⑦　C⑦
　(5)上糸調節装置の目盛りを小さくする（上糸
　　の調子を弱くする）

考え方
①繊維の分類と名称，それぞれの特徴，取り
　扱い表示や洗剤との関係を理解しておこう。
　天然繊維は虫の害を受けることがあり，特
　に動物繊維が虫に食べられやすい。また動
　物繊維はたんぱく質でできており，アルカ
　リで変性するため，中性の洗濯用洗剤を用
　いて洗う。
②既製服の表示の種類と意味について押さえ
　ておこう。
　取り扱い表示は，国内では日本産業規格（JIS）

で規定されており，国際規格（ISO3758）と
同じ記号が使われています。
③布製品を製作するときの手順や使用する道
　具，特にミシンの正しい使い方，縫い方等
　を確認しておこう。

3編　私たちの住生活
1章　住まいの役割と安全な住まい方

> **1　住まいの役割と住まい方**

p.90 ぴたトレ1

1 (1)①自然環境（環境）　②生活（くらし）
　(2)③心身　④維持　⑤安らぎ
　(3)⑥子ども　⑦支え合う
　(4)⑧住空間　⑨生活行為
　(5)⑩家族共有（家族生活）　⑪生理・衛生
　　⑫家事作業　⑬移動と収納（収納や通行）
　　⑭個人生活
2 (1)①高温多湿　②日差し　③南北
　　④太平洋側　⑤気候風土
　(2)⑥特徴（工夫）　⑦高層住宅（集合住宅）
　(3)⑧畳　⑨直接　⑩吸湿性　⑪ふすま
　　⑫引き戸
　(4)⑬開き戸　⑭気密性　⑮椅子
　(5)⑯夏　⑰冬
　(6)⑱和洋折衷

p.91 ぴたトレ2

① (1)A家族共有（家族生活）　B個人生活
　　C移動と収納（収納や通行）
　　D家事作業　E生理・衛生
　(2)A⑦⑦　B⑦⑦　C⑦⑦　D⑦⑦　E⑦⑦
② (1)①⑦⑦⑦　②⑦⑦⑦
　(2)解答例：太陽の南中高度の高い夏は，強い
　　日差しが室内に入らない。一方，冬は部屋
　　の奥でも日差しが入り，暖かい。
　(3)⑦

p.92　ぴたトレ**1**

1 (1)①空気　②換気　③温度・湿度　④ダニ
　　⑤結露　⑥騒音　⑦掃除　⑧整頓　⑨日光
　(2)⑩気密性　⑪冷暖房
　(3)⑫二酸化炭素（CO_2）　⑬不完全燃焼
　　⑭一酸化炭素（CO）
　(4)⑮家具（建具でも可）　⑯接着剤
　　⑰化学物質　⑱シックハウス

2 (1)①家庭内事故　②高齢者
　(2)③窒息　④溺死
　(3)⑤工夫　⑥滑りやすい　⑦段差
　　⑧点検（確認）
　(4)⑨バリアフリー　⑩手すり
　　⑪ユニバーサルデザイン

p.93　ぴたトレ**2**

1 (1)①ウ　②エ　③・④ア・イ
　(2)①ウ　②エ　③オ　④キ　⑤ア
2 (1)①キ　②イ　③オ　④ア　⑤ケ　⑥ウ
　　⑦ク　⑧エ　⑨カ
　(2)イ
　(3)冬
　(4)イウオ
　(5)解答例：脱衣所や浴室，トイレなどを温め
　　ておき，温度変化を少なくする。

p.94　ぴたトレ**1**

1 (1)①自然災害　②減災　③備蓄　④防災用品
　　⑤家具
　(2)⑥通電火災
　(3)⑦固定　⑧チェーン
　　⑨転倒防止支柱（突っ張り棒）
　　⑩出入口（ドア）　⑪飛散防止フィルム
　　⑫スニーカー（運動靴，ズック靴）
　　⑬ベッド（ふとん）　⑭下　⑮低く
2 (1)①持続可能
　(2)②室温　③省エネルギー　④緑のカーテン
　(3)⑤環境　⑥窓　⑦光（日光）　⑧暖かく
　(4)⑨地域　⑩安全　⑪課題

p.95　ぴたトレ**2**

1 (1)A　解答例：地震で大きな揺れが来ると，
　　本棚がベッドの上に倒れてくる可能性が
　　あるから。
　(2)解答例：木枠とカーテンなどで仕切りを作
　　る，着替えなどのコーナーを作る，段ボー
　　ルなどでついたてを作る，などから1つ
2 (1)①コ　②カ　③ア　④ウ　⑤サ　⑥イ
　　⑦エ　⑧ク　⑨オ　⑩キ　⑪ケ
　(2)名称：海岸防風林
　　目的：風害（飛砂や飛塩），高潮などを防ぐ。

p.96〜97　ぴたトレ**3**

1 (1)①自然環境（環境条件）　②健康　③子ども
　　④家族
　(2)A①オ　B④ア　C②イ　D③エ　E⑤ウ
2 (1)①A　②B　③B　④A　⑤A　⑥B
　(2)和洋折衷
　(3)①エ　②カ　③オ
3 (1)シックハウス症候群
　(2)一酸化炭素（CO）
　(3)換気
　(4)解答例：①コードを整理する。
　　　　　　　②浴槽にふたをつける。
　　　　　　　③段差をなくす。
　　　　　　　④手すりやすべり止めをつける。
　(5)A　解答例：強い揺れで①が移動したり，
　　　　②が倒れたりすると，出入り口（ドア）
　　　　をふさいでしまう可能性がある。
　(6)解答例：段ボールでベッドを作る。

考え方

❶住まいの役割，生活行為と住空間について，
　具体例とともに理解しておこう。
　空間を使い方によって分類すると，時間帯
　によって個人生活の空間になったり，共同
　生活の空間になったりすることもある。
❷気候風土と住まいとの関わり，伝統的な住
　まいはどのようなものかを理解しよう。
　住まいの多くは，地域にある材料を使って，
　さまざまに考えて工夫し，特徴のある，そ
　の地域の気候風土に合わせてつくられてい
　る。
❸健康で快適，安全な住環境とはどのような
　ものかは重要である。何が危険なのか，災
　害と住空間についても考えを深めよう。持

続可能な社会の実現に向けて，住まいや住まい方と環境との関わりも重要である。

4編　私たちの消費生活と環境
1章　私たちの消費生活

1　暮らしと消費

p.98 　ぴたトレ1

1 (1)①商品　②物資　③サービス
(2)④消費生活
(3)⑤契約(けいやく)　⑥合意(合致)(がっち)
(4)⑦義務　⑧権利
(5)⑨サーバ

2 (1)①店舗販売(てんぽはんばい)　②無店舗販売
(2)③即時払い(そくじばらい)　④前払い　⑤プリペイド
　　⑥電子マネー　⑦後払い　⑧クレジット
　　⑨分割
(3)⑩収入　⑪支出　⑫管理　⑬計画
　　⑭バランス
(4)⑮18
　　⑯クレジットカード会社(カード会社)
　　⑰三者間契約

p.99 　ぴたトレ2

◆ (1)①㋐㋒㋕㋗㋘　②㋑㋔㋕㋖㋙
(2)①×　②○　③×　④×

❷ (1)㋑㋔㋕㋗
(2)解答例：営業時間や場所などの制約がある，商品を直接見て購入(こうにゅう)できる，販売員に直接商品情報を聞くことができる，店舗がないと購入できない，などから1つ
(3)②④⑤
(4)①㋒　②㋕　③㋐　④㋑　⑤㋕　⑥㋓
　　⑦㋖

2　消費者トラブルと対策

p.100 　ぴたトレ1

1 (1)①消費者トラブル　②キャッシュレス化
　　③オンライン
(2)④悪質商法
(3)⑤情報　⑥相手にしない(無視する)

⑦架空請求　⑧要りません　⑨個人情報
2 (1)①情報量　②弱い
(2)③消費者契約(けいやく)　④製造物責任
　　⑤クーリング・オフ　⑥書面
　　⑦特定商取引
(3)⑧消費者　⑨・⑩国民生活・消費生活

p.101 　ぴたトレ2

◆ (1)①㋓　②㋒　③㋕　④㋑　⑤㋐　⑥㋔
(2)①○　②×　③×　④○

❷ (1)①8　②20　(2)①③

2章　責任ある消費者になるために

3　消費者の権利と責任

p.102 　ぴたトレ1

1 (1)①目的　②ニーズ　③ウォンツ
(2)④情報　⑤マーク
(3)⑥安全性・機能　⑦価格
　　⑧アフターサービス　⑨環境への配慮(かんきょう)(はいりょ)
(4)⑩PSEマーク(安全マーク)　⑪SGマーク
　　⑫Gマーク　⑬シルバーマーク
　　⑭グリーンマーク

2 (1)①国際消費者機構　②8　③責任
(2)④消費者基本法　⑤自立支援　⑥主体的
(3)⑦安全を求める(安全である)
　　⑧知らされる　⑨選択する(選ぶ)(せんたく)　⑩意見

p.103 　ぴたトレ2

◆ A㋓　B㋕　C㋐　D㋒
❷ (1)①㋒　②㋖　③㋑　④㋙　⑤㋚　⑥㋘
　　⑦㋓　⑧㋕　⑨㋛
(2)国際消費者機構(CI)
(3)消費者基本法

4　持続可能な社会と消費

p.104 　ぴたトレ1

1 (1)①化石燃料　②エネルギー
(2)③地球温暖化　④二酸化炭素(CO_2)
　　⑤再生可能エネルギー
(3)⑥廃棄(はいき)

(4)⑦循環型社会　⑧リデュース　⑨リユース
　⑩リサイクル　⑪リフューズ　⑫リペア

2　(1)①投票　②支持(応援)
　(2)③持続可能　④SDGs
　(3)⑤販売者　⑥環境　⑦配慮　⑧責任
　(4)⑨地域　⑩エシカル消費　(5)⑪消費者市民

p.105　　　　　　ぴたトレ**2**

◆ (1)①×　②○　③×　④○　⑤×　⑥○
　⑦○
　(2)①リサイクル　②リデュース　③リユース
　④廃棄(廃棄物も可)　⑤資源
　(3)循環型社会

◆ (1)解答例：商品を買うことは，その生産者や
　販売者を支持するということであり，選挙
　で1票を投じることに例えられる，という
　ことを表す。
　(2)持続可能な開発目標
　(3)①ウ　②ア　③イ

p.106〜107　　　　ぴたトレ**3**

❶ (1)A合意(合致)　B契約　C義務　D権利
　(2)①前払い　②即時払い　③後払い
　(3)①ウカ　②アエ　③イオ
　(4)イウオ
❷ (1)①ウ　②ア　③オ　④エ
　(2)クーリング・オフ制度
　(3)書面
❸ (1)①リサイクル　②リデュース　③リユース
　(2)リフューズ，リペア
　(3)詰め替えのできる製品を買う，買い物袋を
　持参する，過剰な包装を断る，要らないも
　のは買わない，長く使えるものを選び，大
　切に使う，などから2つ
❹ ①D　②A　③E

考え方
❶ 消費生活の仕組みとして，売買契約や支払
　いの種類，物資とサービスのほか，店舗販
　売と無店舗販売の例も押さえておこう。
❷ 消費者被害を予防するためにも，消費者トラ
　ブルと事例，クーリング・オフ制度の対
　象となるかどうかも整理しておこう。
❸ 私たちは1人1日あたりおよそ1kgのごみ
　を出していることから，3Rや5Rについて，

家庭でできること，自分自身でできること
は何かを考えておこう。
❹ 消費者の8つの権利と5つの責任は重要。
　しっかりと理解しておこう。

5編　私たちの成長と家族・地域
1章　家族・家庭と地域

1　家族・家庭の働き／家族と地域

p.108　　　　　　ぴたトレ**1**

1　(1)①生活　②育てる　③安らぎ　④精神
　⑤経済　⑥生活文化
　(2)⑦形態　⑧心豊か(快適)　⑨時期
2　(1)①身の回り　②責任　③身近
　(2)④仕事　⑤生活　⑥分担　⑦地域
　(3)⑧協力　⑨協働　⑩社会
3　(1)①世代
　(2)②環境　③防災　④自治会

p.109　　　　　　ぴたトレ**2**

◆ (1)衣食住の生活を営む機能，子どもを育てる
　機能，心の安らぎを得るなどの精神的な機
　能，収入を得るなどの経済的な機能，生活
　文化を継承する機能，などから2つ
　(2)①外食，宅配サービス，調理済み食品，な
　どから2つ
　②クリーニング，衣服の購入，衣装のレン
　タル，衣服のリフォーム，などから2つ
　③ハウスクリーニング，植木の手入れ，住
　まいの修理，などから2つ
　④幼稚園，保育所，認定こども園，共同保
　育，学校，などから2つ
　⑤訪問介護，通所介護(デイサービス)，介
　護施設，などから2つ
　(3)①×　②○　③○　④×　⑤×
◆ (1)①障がいのある人(身体障がい者)
　②外国の人(外国人，国籍・文化・言葉が
　異なる人)
　③高齢者
　(2)①③④

2章　幼児の生活と家族

2　幼児の発達

p.110　　　　　　ぴたトレ**1**

1 (1)①乳児　②新生児　③幼児　④児童
(2)⑤心身(心と体)　⑥・⑦個性・個人差
(3)⑧短く　⑨大きい　⑩・⑪転倒・転落
(4)⑫方向　⑬順序　⑭行動範囲　⑮好奇心
(5)⑯多く　⑰高い　⑱睡眠

2 (1)①言葉(言語)　②認知　③情緒　④社会性
(2)⑤信頼感(信頼)　⑥自立　⑦自律

p.111　　　　　　ぴたトレ**2**

1 (1)①首　②腰　③お座り　④手先　⑤指先
(2)③→①→④→②
(3)①ウ　②ク　③カ　④コ
(4)減少する(少なくなる)

2 (1)自立　(2)自律　(3)第１次反抗期
(4)①×　②○　③○　④×　⑤○

3　幼児の生活と遊び

p.112　　　　　　ぴたトレ**1**

1 (1)①遊び
(2)②昼寝
(3)③間食(おやつ)　④栄養素　⑤エネルギー
(4)⑥基本的生活習慣　⑦睡眠　⑧健康
(5)⑨社会的生活習慣
(6)⑩体験　⑪援助　⑫模範

2 (1)①発達　②学び　③目的(手段)
④生きる力
(2)⑤好奇心　⑥狭い
(3)⑦おもちゃ(遊び道具)　⑧共有
(4)⑨絵本　⑩情緒
(5)⑪年少児　⑫伝承遊び

p.113　　　　　　ぴたトレ**2**

1 (1)解答例：食事の一部として，（３回の食事
だけでは)不足しがちな栄養素をとり入れ，
エネルギーとなる。
(2)基本的生活習慣
(3)①食事　②排せつ　③睡眠　④着脱衣

⑤清潔
(4)挨拶をする，公共の場では静かにする，信
号を守る，道路に飛び出さない，ごみはご
み箱へ捨てる，などから２つ

2 (1)③→①→②→④
(2)①安全　②友達　③大人　④関わり
(3)①○　②×　③○　④×

4　幼児との関わり／子どもと家族／子どもを守る条約・法律

p.114　　　　　　ぴたトレ**1**

1 (1)①個性　②特徴(その子らしさ)
(2)③認定こども園　④子育て支援
(3)⑤自分なり
(4)⑥生活　⑦マナー　⑧積極的　⑨衛生

2 (1)①自立　②心身(心と体)　③環境
(2)④信頼　⑤基礎　⑥愛情
(3)⑦ファミリーサポート(子育て支援)センター
⑧相互援助　⑨援助
(4)⑩児童の権利　⑪国際連合(国連)　⑫18
⑬児童　⑭児童憲章　⑮児童福祉
⑯総合的　⑰権利

p.115　　　　　　ぴたトレ**2**

1 (1)①オ　②イ　③ア　④ウ　⑤キ　⑥エ
⑦カ
(2)①○　②×　③×　④×　⑤○

2 (1)①少子化
(2)②認定こども園　③幼児教育(教育)
(3)④児童相談所　⑤保健所　⑥児童館

3 (1)生きる・育つ・守られる・参加する
(2)①人　②社会の一員　③よい環境

3章　これからの家族と地域

5　家族との関わり／高齢者との関わり／地域での協働

p.116　　　　　　ぴたトレ**1**

1 (1)①自立　②家族関係
(2)③意見　④触れ合う(向き合う)　⑤立場
⑥相談する

2 (1)①幼児期　②壮年期　③高齢期
④少子高齢

(2)⑤発達　⑥衰え　⑦多様　⑧個人差
(3)⑨高い(高)　⑩視力　⑪感覚
3 (1)①地域　②共生
(2)③少子高齢　④介護　⑤防災　⑥協力
　　⑦ルール(決まりごと)　⑧分担　⑨協働
(3)⑩挨拶　⑪コミュニケーション

❶　①×　②○　③○
❷　(1)①目線　②適度(適切，適当)　③親しみ
　　④ゆっくり　⑤大きさ　⑥背中
　　⑦手のひら
　(2)①イ　②ウ　③オ　④キ　⑤ケ
❸　①○　②×　③×　④○　⑤○

❶　①エ　②ア　③カ　④イ　⑤オ　⑥ウ
❷　(1)乳児期：出生から1歳になるまで。
　　幼児期：1歳から小学校入学まで。
　(2)①50　②3　③1.5　④3　⑤2　⑥5
　(3)

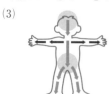

　(4)③→②→④→①
❸　(1)①イ②オ③カ
　(2)爪を短く切る，髪が長い場合はきちんと束
　　ねる，手はよく洗っておく，体調が良くな
　　いときには必ず事前に先生に報告する，感
　　染症の疑いのあるときには実習を見合わせ
　　る，などから2つ
　(3)①○　②×　③○　④×
❹　(1)①参加する権利　②守られる権利
　　③生きる権利　④育つ権利
　(2)児童憲章
　(3)①尊ばれる　②社会　③環境

考え方
❶家庭・家族の基本的な機能について理解す
　るとともに，地域の一員としての在り方，
　地域の高齢者をはじめ多様な人々との関わ
　りなども確認しよう。
❷幼児の心身はどのように発達していくのか，
　特徴はどのようなものかを押さえておこう。

これまでの自分の成長を振り返り，今の自
分と幼児を比較して，それらを理解しよう。
❸幼児の生活は遊びが中心である。生活の特
徴，遊びの発達，幼児との関わりなどにつ
いても確認しよう。
❹児童の権利に関する条約は，子どもの権利
条約ともいう。児童憲章の問題の部分，児
童福祉法総則，児童虐待防止に関する法律
やオレンジリボン運動，ユニセフ(国連児
童基金，略称UNICEF)の活動などもしっか
りと理解しておこう。